かんたん＆楽しいアイデアいっぱい！

子どもの かわいいデコべんとう

監修 yuka, sachiko.s

JN048526

朝日新聞出版

Introduction

　デコべんとうを作るようになったのは、人見知りの長女の幼稚園タイムが少しでも楽しい時間になるよう、かわいくて子どもが喜ぶおべんとうを作ってあげたい！　という思いから。最初はのりを切るだけといった本当に簡単なものばかりのおべんとうでしたが、だんだんと自己流のアレンジなどもできるようになり、さらには娘から勧められたInstagramを始めたことをきっかけに、デコべんとう作りを通じて、世界が広がったのを実感しています。

　私が日々のデコべんとう作りで意識しているのは、とにかく楽しく＆おいしくです！

　あとは、こんなことを考えています。

- 子どもの喜ぶ顔を思い浮かべながら、愛情をいっぱい込めて作ること
- かわいいだけじゃない、おいしいおべんとうであること
- 彩りのよい（赤、黄、緑など）おべんとうであること
- 幼少期は、食べることが大事なので、嫌いな食材は入れない、または食べやすくすること

　今は、手頃な価格でかわいいデコべんとうが作れるグッズ類がたくさん出回っているので、無理をせず簡単にできるデコおかずを1品入れるだけでもOK。それだけで十分かわいくなりますし、子どもはたくさん喜んでくれますよ。

　私自身「うちのおべんとうかわいくて大好き、おべんとうを楽しそうに作っている姿が好き♡」という言葉がパワーの源になっています。将来、おべんとうが子どもにとって、良い思い出になっていてくれたらうれしい……！　そんな願いを込めて日々のデコべんとう作りに励んでいます。

　今まで作ってきたものが、これからデコべんとう作りに挑戦する方たちの役に立てたら、とてもうれしいです。

sachiko.s

　私は、もともと保育士をしていたこともあり、工作など細かい作業も好きで、離乳食のときには離乳食アートなどを作って楽しんでいました。デコべんとう作りを本格的に始めたのは、長男のために毎日、幼稚園のおべんとうを作るようになってからです。

　愛情をたくさん詰め込んで作っているのは、もちろんですが、見た目のかわいさが先行しがちなデコべんとうだからこそ、彩りや見た目だけではなくおいしいおべんとうであることを心がけています。

　あとは、こんなところも意識しています！

- フタを開けた瞬間、笑顔になるようなおべんとうであること
- 子どもが食べやすいサイズ感であること
- デコおかずの表情や目線に変化をつけて、絵本の世界のような、ストーリー性のあるおべんとうでワクワク感を出すこと
- 細かい作業で食材に触ることが多いので、衛生面も気を使うこと

　それに、季節感やイベント、記念日などを取り入れたおべんとうにすることで、子どもの知識を育むとともに、食への関心や楽しさも高まり、食育に繋がればという思いもあります。

　おべんとうが幼稚園で話題になることもあるようで、日々の期待に答えるのが大変！　と感じることもありますが、子どもの笑顔が励みになっています。たまに、子どもから「こんなおべんとう作ってほしい！」など、難しいリクエストをされるときもありますが、その分、完成したときの達成感ややり甲斐も感じています。

　本書で紹介するデコべんとうが、お子さんたちやご家族の皆様の笑顔との架け橋になってくれることを願っています。

yuka

Content

Part 01

子どもが喜ぶ かわいい デコべんとう

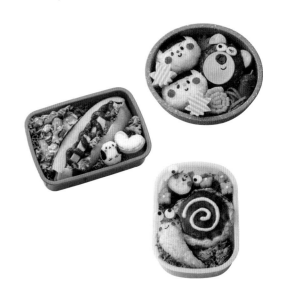

Part
02

かわいい
デコおかず
バリエーション

Part
03

イベント
べんとう＆
デコアイデア

「かわいいデコべんとう」の基本

かわいいデコべんとうを作るときに知っておきたい、
おべんとう箱選びのコツや注意することなどを紹介します。

おすすめのおべんとう箱

1 大きさと容量

おべんとう箱は、子どもの年齢や普段食べる量に合わせて選びます。年少さん（3〜4歳）くらいなら目安は270㎖くらいですが、少食の子、たくさん食べる子など、子どもの様子に合わせてください。成長に合わせて、おべんとう箱の容量も調整しましょう。

［大きさの目安］
●年少（3〜4歳）…270㎖くらい
●年中（4〜5歳）…360㎖くらい
●年長（5〜6歳）…450㎖くらい
●小学校低学年…450〜600㎖くらい

2 素材

子ども用のおべんとう箱は、軽くて落としても壊れないプラスチック製のものが多いです。電子レンジや食洗機が使えるかどうかなどを確認しておきましょう。保温庫などに入れることができるため、アルミ製を指定する幼稚園・保育園もあります。

3 色・形

色や形は子どもが好きなものを一緒に選んでOK。ただ、デコべんとうは中身がカラフルになるので、淡い色のものを選ぶと、使い勝手がよいでしょう。丸みのある楕円形のものは子どもが食べやすく、高さの目安は2.5〜3㎝がおすすめ。高すぎると空間ができてしまって、おべんとうを持ち歩いているときに形が崩れてしまうことがあります。

4 カトラリーなど

おべんとうと一緒に使うカトラリー。スプーンやフォークはステンレス製やプラスチック製のものがすべりにくく、持ちやすいです。スプーンは深さがあって食べ物をすくいやすいもの、フォークはおかずをしっかり刺しやすいものがおすすめ。箸は先端に滑り止めがついているものが使いやすいです。普段使っているものと同じ長さのものを用意してあげましょう。

子どものデコべんとうで注意すること

1 食べやすさが重要!

かわいいデコべんとうですが、大切なのは食べやすさ。幼稚園・保育園などで子どもがひとりで食べることを想定して作ります。喉に詰まる危険がある食材は特に注意が必要です。ミニトマトやブドウといった丸い食材は薄く切ったり、¼ほどの大きさにしましょう。そのほかの食材も小さく切ったり、柔らかくしたりするなど、成長に合わせて調整します。

2 作り置きは再加熱して!

すべてのおかずを当日の朝準備するのは大変ですから、作り置きをしておくと便利です。ただし、当日熱くなるまで再加熱し、冷ましてからおべんとう箱に詰めます。中までしっかり熱くなれば、電子レンジでの再加熱でもOKです。

3 衛生管理に注意!

子どもの消化器官は未発達なため、衛生管理が重要です。調理前や肉・魚などの生モノを触った後だけではなくこまめに石けんで手を洗いましょう。また、肉・魚用と野菜用にまな板を2枚用意したり、使用したふきんやまな板を消毒したりと、食中毒や食材の傷みに気をつけましょう。

4 見た目に工夫を!

子どもは好き嫌いがありますし、食べるかどうかはそのときの気分に左右されることも多いです。おにぎりやおかずを大好きなどうぶつや車にしたりと、おべんとうのフタを開けたときにワクワクするような見た目の工夫も大切です。

おにぎりはラップで握る

手には雑菌がついているので、おにぎりはラップを使って握ります。冷凍ごはんでおにぎりと作ると冷めた後にかたくなりやすいので、できるだけ炊きたてを使って。握ったものをラップのまま冷凍しておいてもいいでしょう。

詰める前に汁気をきる

おかずの水気や汁気は細菌が繁殖しやすくなります。しっかりきってからおべんとう箱に詰めます。

詰める前にしっかり冷まして

温かいままおべんとう箱に入れると湿気がこもって細菌が繁殖しやすくなります。焼いたりゆでたりしたものは、しっかり冷ましましょう。

おべんとう箱はパッキンまで洗う

パッキンがついているおべんとう箱を使う場合は、毎回パッキンを取ってていねいに洗います。

卵はよく火を通して

卵はしっかりと火を通しましょう。熱したフライパンや卵焼き器で一気に加熱します。

生野菜に気をつける

生野菜は細菌が繁殖する可能性があります。基本的には焼く、ゆでるなどしてから入れるようにしましょう。ミニトマトやレタス、きゅうりなどを使うときは、よく洗って水気をしっかりきるようにしましょう。

心配なときは入れない判断を

特に梅雨～夏にかけては食中毒の心配が出てきますし、子どもの体調や消化器官の成長の違いによって個人差も出ます。詰める前のおかずなどに食品用アルコールを振りかける、おべんとう用の抗菌シートを入れる、保冷剤をつけるなどの工夫をしましょう。「これを入れても大丈夫だろうか」と少しでも心配なことがあれば、除いておくことをおすすめします。

誰でも簡単にデコべんとうができる!
便利グッズを活用しよう!

「デコべんとうって、不器用な私には難しそう……」と思いがちですが
今はデコべんとうを作るのに便利なグッズがたくさんあります。
ここでは、本書で使っているおすすめの食材や道具を紹介します。

そろえておくと便利な食材

おさかなチップ

ハートや星、キャラクターなどの形をした、魚でできたチップです。ふりかけるだけで簡単にデコべんとうになります。キャラクターをそのまま使ってもいいですし、ハート型をP.18の「にわとりおにぎり」のとさかにする、といった使い方もできます。

サブキャラフル ハート型
／バンダイ

小袋の
ケチャップ・
マヨネーズ

小袋に入っているケチャップは、袋の先端を小さく切ると細い文字やほっぺをかいたりするのに便利。マヨネーズは細くかくときにも使えますが、ぶぶあられやのりをつける用の接着剤として使うときに、ちょっとだけ出す、という活用方法がとても便利です。

5色あられ
(ぶぶあられ)

もち米を焼き上げた小さな丸いあられのことです。デコおかずの鼻やほっぺ、口に使います。おにぎりや野菜のおかずにのせるだけでも、カラフルでポップな雰囲気になるのでおすすめです。

ぶぶあられ／田邊屋

デコふり®

ご飯と混ぜるだけで簡単に色つきのご飯が作れるふりかけです。使いやすい全8色のカラーバリエーションがあります。デコふりは子どもが食べやすいような味つきで、カルシウムも配合されています。

3g×5袋／はごろもフーズ

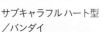

そろえておくと便利な道具

のりパンチ

のりを簡単に型抜きできます。さまざまな表情のほか、動物や花型、肉球の形に抜けるものなど種類が豊富です。

クッキー型

チーズやハム、野菜などの型抜きに使います。金属のものとプラスチックのものがあります。ハートや花型などのベーシックな形からそろえるといいでしょう。

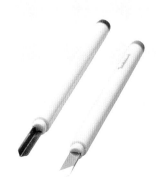

デザインナイフ

小さいパーツを切る際にあると便利です。のりの型抜きやはんぺんなど厚みのあるものを切るときに活用しましょう。

ピック

小さいおかずをまとめるだけでなく、おべんとうをにぎやかにしてくれるピック。季節に合わせたかわいいものがたくさん売られています。小さい子どもの場合は、使用の際に注意が必要。先が尖っていないタイプのものを使うようにしましょう。また、幼稚園・保育園などでピックの使用が禁止されているところもあるので、事前に確認しておくと安心です。

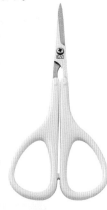

ハサミ

のりに切り込みを入れたり、顔のパーツを切り取ったりするのに使います。キッチンバサミのほか、まゆげ用ハサミなどがあると、小さいパーツが切りやすいです。ただし、まゆげ用ハサミだと指を入れるところが狭すぎて、細かくハサミをコントロールできない…という人は、キッチンバサミのみでも大丈夫です。

ピンセット

小さなパーツを貼りつける際、ピンセットがあると的確な位置に置きやすくなりますし、衛生面でも安心です。マヨネーズなどの接着剤をつけたときも、手にくっつかないので作業がスムーズです。

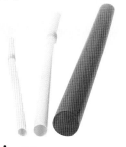

ストロー

チーズやハムを小さな丸型に抜く際に使えるのがストローです。魚肉ソーセージなど幅があるものを抜くときにも活用できます。大・中・小と3種類くらいの大きさがあると便利です。

きゅうりの型

きゅうりを型にはめることで、星型やハート型にすることができます。本来は、きゅうりの形をかわいく変える道具ですが、卵焼きなどをはめて星型にすることもできます。

きゅうりの型／製造　フォレスト
販売　種と苗の店グリーンサム

デコべんとう作りが楽になる！
ちょこっとデコテク

「毎朝デコべんとうを作れるかな」「上手に作れるだろうか」と
不安に思う人もいるかもしれません。ちょっとしたテクニックを知っておけば、
忙しい朝でも作れますし、おべんとう作り初心者でも大丈夫です！

テクニック 1
デコパーツを
あらかじめ作っておく

ソーセージで作るどうぶつなどのミニデコおかずは、前日の夜に作っておくと時短になります。ただ、お皿にラップをかけて冷蔵庫で保存すると細かいパーツが取れてしまうため、保存容器のフタ部分にミニデコおかずを置き、容器部分をフタとしてかぶせるとキレイに形を保てます。

テクニック 2
ハムカップを
作る

アルミホイルで型を作り、ハムを敷き込んでカップ状にします。中に入れる具材はお好みのものでOK。トースターで焼けばハムカップの完成。
カップは前日の夜に作り、当日の朝は具材とチーズを入れて焼くだけにしておくと楽におかずが作れます。

テクニック 3
飾り切りが
役立つ

飾り切りでにんじんやだいこんなどの野菜、魚肉ソーセージなどをかわいい花型にしてみましょう。手順は簡単ですから、覚えておくといろいろな場面で使えます。

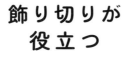

にんじんの飾り切り (P.34)
作り方

1 にんじんの皮をむき、輪切りにする。花の型で抜く。花びらと花びらの間から中央に向かって切り込みを入れる。切り込みに向かって花びらの表面を削ぐように斜めに切り取っていく。花びらが多い場合も同様に行う。

2 柔かくなるまでゆでる。

4

パスタ&
焼きパスタを使う

巻いたものを止めたり、パーツをつけたりするときに使うのがパスタや焼きパスタ（P.17）です。パスタはゆでる前のものをそのまま使いますが、その後に熱や水分が加わるため、おべんとうを食べるときには柔らかくなっています。焼きパスタはトースターやフライパンで軽く焼いて作ります。

※乾燥パスタと焼きパスタは、問題なく食べられることを確認してから、おべんとうに入れるようにしてください。

5

焼き色を
つけないときは
アルミホイルを使う

おべんとうに入れるものは火を通すのが基本ですが、例えば素材の白さを活かしたい、というときは、トースターに入れる際、上からアルミホイルをかぶせます。そうすることで、焼き色をつけずに焼くことができます。

6

のりやチーズは
端から使って、
材料をフル活用！

顔のパーツを作るのに必要なのりやチーズ。基本的に使う分は少量なので、こういった素材は端から使っていくのがコツです。使ったものは、保存容器に入れ、冷蔵庫で保管しておけば、翌日や別の日に有効活用できます。のりは乾燥剤と一緒に。

7

餃子の皮の花を
常備デコとして
作っておく

トッピングとして便利なのが、餃子の皮で作る花。野菜のおかずの上にのせたり、シンプルなケチャップライスの上にのせたりするだけでかわいいおべんとうになります。いろいろな花の型で抜いて、電子レンジで30秒加熱したものを常備デコとして準備しておくと、何か物足りない……というときに、すぐに使えて便利です。

この本の使い方

はじめて子どものデコべんとうを作る人にも
わかりやすいようにレシピを掲載しています。

おにぎりやおかずの作り方

おにぎりやおかずの作り方を写真とともに紹介しています。気になるものからチャレンジしてみてください。

おべんとうの完成品

デコべんとうは見た目の世界観や雰囲気もかわいさのポイント。デコおかずの組み合わせ方や彩りの参考にしてください。

MEMO

デコおかずを上手に作るための、ちょっとしたコツを紹介しています。

かわいいデコPOINT

デコおかずのアレンジなど、もっとかわいくするテクニックを紹介しています。

【この本の表記&注意事項】

- 大さじ1は15mℓ、小さじは5mℓ、1カップは200mℓです。1mℓ＝1ccです。
- 電子レンジの加熱時間は600Wの場合の目安です。500Wの場合は加熱時間を1.2倍に、700Wの場合は0.8倍にして、様子を見ながら加減してください。
- 本書で紹介しているおべんとうの量はあくまで目安です。個人差があるので、お子さんが食べる量に合わせて調整してください。

- ミニトマト、ぶどう、うずらの卵など、喉に詰まりやすいものは注意が必要です。お子さんの成長に応じて、切るなど食べやすい工夫をしてください。
- ピックや乾燥パスタ、焼きパスタを使うおかずは、1人で食べられることを確認してからおべんとうに入れましょう。ピックは、誤って食べないよう、刺さっていることがハッキリわかるようにしましょう。

- 一部野菜の下処理を省略しています。アクのある野菜は水にさらす、下ゆでするなど、下処理をしてください。
- おべんとうの仕切りに使うレタスやすきまに入れているブロッコリーは、レシピ内では省略しています。

子どもが喜ぶ かわいい デコべんとう

子どもがおべんとう箱を開けたときに
ワクワクするようなおべんとうを紹介しています。
子どもと一緒に写真を見て、気に入ってくれたものから
かわいいデコべんとう作りを
始めてみましょう!

ハート抱っこ
べんとう

ハートのソーセージを抱っこしたおにぎりが、
かわいさを引き立てます。
子どもが大好きな卵焼き、ポークビッツも全部ハートに♥

ハート抱っこ
おにぎり

材料（子ども1人分）
- ご飯…80g
- ウインナソーセージ（赤いもの）…1本
- 塩…適量
- のり…適量
- 黒ごま…2粒
- ぶぶあられ…1粒

作り方

1 ゆでたソーセージを斜め半分に切る。片方をひっくり返して断面を合わせ、ハートの形にする。

片方を上下逆にしてくっつけるとハート形になります。ソーセージは加熱したら、しっかり冷ましてから切りましょう。

2 ご飯をラップで包み、三角に握って、塩をふる。

3 **1**を**2**の上に置いて少し押し込む。ラップで包んで形をととのえる。

ソーセージは、少しおにぎりの表面から飛び出るくらいまで押し込みましょう。

4 目は黒ごま、鼻はぶぶあられをのせる。のりを細く切って口を作り、ハートの上あたりにのせる。

のりは、直線に切り、おにぎりにつけるとき、口をにっこりカーブさせます。ご飯を2g×2個分丸めて手をつけると、かわいらしくなります。

ポークビッツの
ハート

材料（2個分）
- ポークビッツ…2本
- パスタ…少々

作り方
ゆでたポークビッツを斜め半分に切る。片方をひっくり返して断面を合わせ、パスタでとめてハートの形にする。

ほうれん草の
バター炒め

材料（作りやすい分量）
- ベーコン…1枚
- ほうれん草…2株
- コーン（冷凍または缶詰）…大さじ1
- バター…少量
- しょうゆ…少量

作り方

1 ほうれん草はざく切りにし、ベーコンは1cm幅に切る。

2 フライパンを弱火で熱してバターを入れ、ベーコンを炒める。ほうれん草とコーンを加えてさらに炒める。しょうゆを加えて全体に味が回るよう軽く炒める。

卵焼きのハート

材料（作りやすい分量）
- 卵…2個
- 砂糖…小さじ1
- サラダ油…適量
- パスタ…少々

作り方

1 卵を溶きほぐし、砂糖を加えて混ぜる。熱した卵焼き器に薄く油を引いて、溶き卵を流し入れて卵焼きを作る。

2 **1**を2cm幅に切り、1切れを斜め半分に切る。片方をひっくり返して断面を合わせ、パスタでとめてハートの形にする。

※乾燥パスタは問題なく食べられることを確認してから、おべんとうに入れるようにしてください。

かわいいデコ POINT

マヨネーズは
便利な接着剤になる！

顔のパーツやぶぶあられをのせるときは、マヨネーズを楊枝で少し取り、のせたい部分にチョンチョンとつけると、各パーツが落ちにくくなります。ちなみに、よくデコパーツとして使うのりの切り方にもコツがあります。お湯の蒸気などでのりを湿らせると、細く切りやすくなります。

パンダおにぎり べんとう

子どもに大人気のパンダを
ぎゅっとおべんとう箱に詰めました。
緑系のおかずを一緒に入れると、
パンダたちが笹の中でコロコロ遊んでいるみたい!

パンダおにぎり

材料（子ども1人分）
- ●ご飯…80g
- ●塩…適量
- ●のり…適量

作り方

1 ご飯を4等分し、ラップで包み、俵形に丸めて塩をふる。

2 のりを切ってパンダの柄、顔を作り、それぞれ1にのせる。

パンダの柄は、おにぎりの下から⅓くらいのところにぐるりと巻きつけます。顔はのりパンチを使うと楽に作れます。

青のりポテト

材料（作りやすい分量）
- ●じゃがいも（1.5cmの角切り）…1個分
- ●水…大さじ1
- ●塩…少々
- ●青のり…小さじ½

作り方

1 じゃがいもを耐熱容器に入れて、水をふりかける。ふんわりとラップをかけて電子レンジで3分ほど加熱する。

2 1に塩と青のりを入れて混ぜる。

卵焼きのリンゴ

材料（4個分）
- ●卵…1個
- ●かに風味かまぼこ…4本
- ●レタス…少量
- ●砂糖…小さじ½
- ●焼きパスタ（作り方3参照）…少々
- ●サラダ油…適量
- ●黒ごま…16粒

作り方

1 卵を溶きほぐし、砂糖を加えて混ぜる。熱した卵焼き器に薄く油を引いて、溶き卵を流し入れて薄焼き卵を作り、縦半分に切る。

2 かにかまの白い部分を重ね合わせ、1があたたかいうちに端にのせて、きつめに巻いていく。ラップで包んでなじませ、冷めたら長さを半分に切る。

必ず、かにかまの平らになっているほうをくっつけ、重ねます。丸みを帯びたりんごの形になります。

3 トースターにアルミホイルを敷いて、パスタを焼き色がつくまで焼く。パスタを短く切って茎に、レタスを葉っぱの形に切って、2の断面につける。黒ごまをリンゴの種に見立ててのせる。

MEMO▶ フライパンで軽く焼いて焼きパスタを作る方法もあります。

※焼きパスタは問題なく食べられることを確認してから、おべんとうに入れるようにしてください。

ゴーヤのから揚げ

材料（作りやすい分量）
- ●ゴーヤ…1本
- ●めんつゆ（3倍濃縮）…大さじ3
- ●片栗粉…適量
- ●青のり…大さじ½
- ●揚げ油…適量

作り方

1 ゴーヤを半分に切り、スプーンでワタをかき出し5mm幅程度の輪切りにする。

2 ポリ袋にゴーヤ、めんつゆを入れて揉み、10分ほど置いて味をなじませる。

MEMO▶ 大人用にはにんにくのすりおろしを追加するのもおすすめです。ゴーヤの苦味や青臭さが減って食べやすくなります。

3 別のポリ袋に片栗粉と青のりを入れて混ぜておき、水分を取り除いた2を入れてポリ袋をふって全体に片栗粉をまぶす。

4 3を170℃の油で2分ほど揚げる。

かわいいデコ POINT

つけるともっとかわいいちょこっとテク

パンダおにぎりは、白いぶぶあられをしっぽに見立ててつけると、よりパンダらしい見た目になります。ゴーヤのから揚げは目のパーツをのりやチーズなどでつけると、かわいいデコになります！

にわとり親子の べんとう

にわとりの親子がお花畑で楽しくすごしている様子をイメージ。
色とりどりの小さなデコおかずがたくさん詰まって
ランチタイムをハッピーに!

魚肉ソーセージのあじさい
(P.68参照)

にわとりおにぎり

材料（子ども1人分）
- ●ご飯…50g
- ●塩…適量
- ●コーン（冷凍または缶詰）…2粒
- ●のり…適量
- ●ケチャップ…適量
- ●サブキャラフルチップ（ハート型）
  …1枚

作り方
1 ご飯をラップで包み、丸めて塩をふる。

2 1の中央に少し穴をあけ、2粒重ねたコーンを入れてくちばしにする。のりで目をつける。ケチャップをほっぺにつける。

コーンは小さいので、ピンセットを使うといいでしょう。少し押し込むようにして、しっかり入れます。

3 2にハート型のチップをのせ、とさかにする。

ひよこおにぎり

材料（2個分）
- ●ご飯…30g
- ●カレー粉…少量
- ●塩…適量
- ●押し麦…2粒
- ●黒ごま…4粒
- ●ケチャップ…適量

作り方
1 ご飯にカレー粉と塩を混ぜる。2等分にしてラップで包み丸める。

カレー粉は少量でOK。粉っぽくて混ぜにくいときは、お湯（分量外）をほんの少し足します。

2 にわとりおにぎりと同じように、くちばし（押し麦）、ほっぺをつける。目は黒ごまでつける。

ぶぶあられ ブロッコリー

材料（子ども1人分）
- ●ブロッコリー…2〜3房
- ●ぶぶあられ…10〜20粒
- ●マヨネーズ…適量

作り方
1 ブロッコリーをゆでる。

2 1に楊枝でマヨネーズを点々とつけ、そこにぶぶあられをのせる。

薄焼き卵のバラ

材料（作りやすい分量）
- ●卵…1個
- ●砂糖…小さじ½
- ●サラダ油…適量
- ●パスタ…少々

作り方
1 卵を溶きほぐし、砂糖を加えて混ぜる。熱したフライパンに薄く油を引いて、溶き卵を流し入れる。火が通るまでしっかり焼いて丸い形の薄焼き卵を作る。

2 1を広げ、デザインナイフなどでうずまき状に切る。

キレイなうずまきでなく、なみなみに切ったほうが、バラの花びららしくなります。

3 端から好みの大きさになるまで巻いていき、巻き終わりをパスタでとめる。

好みの大きさになったら切り、切ったところから次のバラを巻いていきます。

※乾燥パスタは問題なく食べられることを確認してから、おべんとうに入れるようにしてください。

「ひまわりご飯の べんとう」

ソーセージの周りにコーンを並べるだけでできる
「簡単ひまわり」。シンプルな白ご飯が、
パッと色鮮やかなおべんとうになります。

ひまわりご飯

材料（子ども1人分）
- ご飯…80g
- ウインナソーセージ…⅓本
- コーン(冷凍または缶詰)
  …10粒ほど

作り方

1　ソーセージを3等分の輪切りにする。断面に縦3本、横3本の切れ目を入れてフライパンで焼く。

切れ目を入れるときに、下まで包丁を通さないように注意しましょう。切り込みではなく、上に細く切ったのりをのせる、という方法もあり。

2　おべんとう箱に詰めたご飯の上に、**1**を切れ目側を上にして、1つのせる。その周りに花びらになるよう、コーンを並べる。ご飯に少し埋め込むように並べるとずれにくくなる。

大根のお花

材料（作りやすい分量）
- 大根(5㎜幅の輪切り)…2枚
- ゆかり…小さじ½
- 甘酢…少々
- ぶぶあられ…適量

作り方

1　大根を花の型で抜いて飾り切り(P.10)する。白い花は完成。

2　ピンクの花用に漬け汁を作る。ゆかりをお茶パックに入れる。保存容器に甘酢とゆかり入りのパックを入れ、大根の花を加えて3時間～ひと晩漬ける。

花は漬け込む時間やゆかりの量によって、色の濃さが変わってきます。好みの色になったら漬け汁から出してOKです。

3　花の中心にぶぶあられをのせる。

オクラのデコ

材料（作りやすい分量）
- オクラ…1本
- 塩…少々
- ぶぶあられ…適量

作り方

1　オクラは塩を入れた熱湯で2分ゆでる。

2　**1**をおべんとう箱に入る長さに切り、断面を上にしてぶぶあられをのせる。

ピンセットを使って、オクラの種がある部分にぶぶあられをのせると、安定しつつバランスよく仕上がります。いろいろな色をのせるとカラフルに。

パプリカの
バターしょうゆ炒め

材料（作りやすい分量）
- 赤・黄パプリカ(細切り)…各½個分
- バター…5g
- しょうゆ…小さじ1

作り方

1　熱したフライパンにバターを溶かし、パプリカを炒める。

2　**1**に火が通ったら、しょうゆを入れてさっと炒める。

かわいいデコPOINT

大根のお花の簡単保存方法

大根のお花は色違いのものを作っておくと、手軽にトッピングとして活用できます。ご飯や野菜系のおかずにのせるだけで、一瞬でかわいい雰囲気になるのでおすすめです。作り置きした大根のお花は、保存容器で冷蔵庫で保存しましょう。ただし、白色とピンク色を一緒に入れてしまうとピンクの色が移ってしまうため、白色はラップに包んでおくといいですよ。

「ラブレターべんとう」

たくさんのハートであふれたおべんとう。
フタを開けたら赤やピンクの世界に
ほっこり温かい気持ちになります。

ラブレターおにぎり

材料（子ども1人分）
- ご飯…80g
- ベーコン…1枚
- 塩…適量
- かに風味かまぼこ…適量
- のり…適量
- パスタ…適量

作り方

1 ご飯を2等分してラップで包み、俵形に丸める（白いおにぎりは好みで塩をふる）。

2 ベーコンはフライパンで軽く両面焼く。おにぎり1個にベーコンを巻き、余った部分は切る。巻き終わりをパスタでとめる。

3 白いおにぎりと2に、細長く切ったのりをV字にのせ、中央にハートの型で抜いたかにかまをつける。

のりは使いたい長さに切ってから細く切ると、同じ長さのものが何枚も作れます。

魚肉ソーセージのハート

材料（1個分）
- 魚肉ソーセージ…約1cm
- プロセスチーズ…適量

作り方

1 輪切りにした魚肉ソーセージの断面を上にして置き、中心をハートの型で抜く。

2 チーズも同じハート型で抜く。型抜きしたチーズを魚肉ソーセージの中心にはめ込む。

表面が平らになるようにぴったりはめ込むとキレイです。

餃子の皮のラブレター

材料（1個分）
- 餃子の皮…1枚
- かに風味かまぼこ…適量

作り方

1 餃子の皮を正方形に切る。皮の周囲に水（分量外）をつけながら封筒の形に折りたたむ。

皮をひし形に置いたら、両サイドを短めに折り、次に下を折り、最後に上を折ると、手紙らしい長方形になります。

2 1をトースターで3分ほど焼く（焼き目をつけたくないならアルミホイルで挟む）。

3 2の中央にハートの型（小）で抜いたかにかまをつける。

3色ピーマンのナムル

材料（作りやすい分量）
- ピーマン…½個
- 赤・黄パプリカ…各½個
- ごま油…小さじ1
- 鶏がらスープの素（顆粒）…小さじ½
- 塩…少々

作り方

ピーマン、パプリカは縦に切って種とワタを取り、細切りにする。耐熱容器に入れ、ごま油、鶏がらスープの素、塩を加えて混ぜる。ふんわりとラップをかけて電子レンジで2分30秒ほど加熱する。

「パトカーべんとう」

パトカーが迷子のねこを見つけた!?
薄くスライスしたにんじんはくるくる巻いてお花に。
卵焼きも箸と巻きすを使えばねこに大変身!

きんぴらごぼう（P.86参照）

パトカーおにぎり

材料（子ども1人分）
- ●ご飯…80g
- ●塩…少々
- ●ウインナソーセージ…1本
- ●ミニトマト…¼個
- ●のり…適量
- ●スライスチーズ…適量
- ●パスタ…少々

作り方

1 ご飯をラップで包み、車の形を作り、塩をふる。

2 長方形に切ったのりを **1** の下⅓あたりに巻きつける。窓の形、ドアの取っ手の形に切ったのりをつける。

おにぎりの下から⅓のりを巻きつけ、ラップで包んでしばらくなじませます。窓やドアの取っ手はハサミで切ります。

3 ミニトマトをランプに、輪切りにしたソーセージ2個をタイヤに見立てて、それぞれ **2** にパスタでつける。「POLICE」はチーズをアルファベットの型で抜いてのせる。

※乾燥パスタは問題なく食べられることを確認してから、おべんとうに入れるようにしてください。

くるくるにんじんのお花

材料（作りやすい分量）
- ●ベーコン…1枚
- ●にんじん…スライスしたもの1枚
- ●さやいんげん…1本

作り方

1 いんげんはさっとゆでてベーコンの幅と同じぐらいの長さに切る。

2 にんじんは皮をむき、ピーラーで縦にスライスして、さっとゆでる。好みの大きさになるまで巻く。

3 ベーコンの端に **1** を2本と **2** を置いて巻く。巻き終わりを下にして、熱したフライパンで焼き、裏返して両面焼く。冷めたら半分に切る。

いんげん2本の上に巻いたにんじんを置き、ベーコンでしっかりときつめに巻きます。

卵焼きのねこ

材料（作りやすい分量）
- ●卵…2個
- ●砂糖…小さじ1
- ●サラダ油…適量
- ●のり…適量

作り方

1 卵を溶きほぐし、砂糖を加えて混ぜる。熱した卵焼き器に薄く油を引いて、溶き卵を流し入れて卵焼きを作る。

2 巻きすにラップを敷き、その上に **1** を置く。割り箸を1本ずつ上下反対にして2本重ねたものを卵焼きの中央に置き、箸がずれないようにきっちりと巻いて輪ゴムでとめる。冷めたら2cm幅に切る。

割り箸は丸い形でなく、四角い形のものを使用します。太さが均一になるよう、上下反対に重ねます。

3 のりで目やひげ、顔の模様など顔のパーツを作ってのせる。

かわいいデコ POINT

薄焼き卵でアレンジしてもOK！

にんじんが苦手な子には、にんじんの代わりに薄焼き卵をくるくる巻いて作る方法がおすすめ。P.19の薄焼き卵の手順と同じように薄焼き卵を作り、長方形に切ったら、好みの大きさになるまで巻き、あとは、くるくるにんじんのお花と同じように焼けば完成です。

焼きそば べんとう

おべんとう定番の焼きそばも
ミニデコおかずと一緒に詰めることで、
かわいいデコべんとうになります!

焼きそば

材料（作りやすい分量）
- 焼きそばの麺… 1袋
- 豚薄切り肉…100g
- 好みの野菜(キャベツ、にんじん、
  玉ねぎ、ピーマンなど)…適量
- 添付のソース… 1袋
- ごま油…適量

作り方

1 豚肉は食べやすい大きさに切り、
  野菜は細切りにする。

2 熱したフライパンにごま油を引き、
  野菜を入れて中火で2分ほど炒め
  たら、ボウルに移す。

3 同じフライパンで豚肉を炒め、火
  が通ったら2と麺を入れて、水を
  少し加えてほぐしながら炒める。
  添付のソースを加えて炒め合わせ
  る。

> **MEMO▶** 焼きそばの麺は、一度油を洗い流す
> と、冷めたときにくっつきにくくなります。

かわいいデコ POINT

ベーコンエッグピーマンを
さらにかわいくするコツ!

ベーコンエッグピーマンは、黒ご
まやのりで顔をつけるとさらにか
わいく仕上がります。小さめのカ
ラフルピーマンで作ると華やかさ
アップ!

かぼちゃの
ハニーバターソテー

材料（作りやすい分量）
- かぼちゃ…¼個
- バター…20g
- はちみつ…大さじ1
- 粉チーズ…大さじ1½
- 塩…少々

作り方
1 かぼちゃの種を取り、ラップで包んで電子レンジで2分加熱する。あら熱が取れたら皮つきのまま1cm幅に切り、さらに3等分に切る。

2 熱したフライパンにバターとはちみつを混ぜ、かぼちゃの両面を焼く。

3 2に粉チーズ、塩を加えて軽く混ぜ合わせる。

ベーコンエッグ
ピーマン

材料（作りやすい分量）
- 卵…1個 ● ピーマン…1個
- ベーコン…½枚
- サラダ油…適量
- ケチャップ…適量 ● 水…大さじ1

作り方
1 ピーマンはヘタを落として種を取り、約1cm幅の輪切りにする。ベーコンは短冊切りにする。卵は溶きほぐす。

2 油を引いたフライパンにピーマンを並べ、その中にベーコンを入れる。フライパンを熱したら、ピーマンの中に溶き卵を入れる。水を入れ、フタをして火が通るまでじっくり蒸し焼きにする。

中まで火が通るよう、ピーマンは厚く切りすぎないようにします。卵があふれないように、ピーマンの高さよりやや少なめに入れます。

3 ケチャップを卵の中心にのせる。

ハムチーズの
簡単春巻き

材料（作りやすい分量）
- 春巻きの皮…1枚
- スライスハム…1枚
- スライスチーズ…½枚
- 水溶き薄力粉…小さじ1
- サラダ油…適量

作り方
1 春巻きの皮をひし形になるように置き、手前にハム、チーズをのせる。端から巻き、巻き終わりに水溶き薄力粉を塗ってとめる。

ミニサイズの春巻きの皮を使うと、おべんとうに入れやすいです。

2 フライパンに油を1cmほど入れて熱し、1を巻き終わりを下にして入れる。焼き色がつくまで2分ほど揚げ焼きする。

くるくるはんぺん

材料（作りやすい分量）
- はんぺん…⅓枚
- かに風味かまぼこ…1本
- パスタ…少々

※乾燥パスタは問題なく食べられることを確認してから、おべんとうに入れるようにしてください。

作り方
1 はんぺんを⅓の厚さにスライスする。

2 かにかまの赤い部分をはがし、はんぺんと同じ大きさに切ったものを上に重ねて、端から巻いていき、ラップで巻いてきつめに包む。ラップをはずして半分に切る。巻き終わりをパスタでとめる。

はんぺんがぶ厚いと巻けないので、スライスして薄くします。

「お魚サンド べんとう」

海の中で楽しむ魚とタコをイメージしたおべんとう。
定番のタコさんウインナには
きゅうりのうきわをつけるだけでかわいさアップ！

れんこんのから揚げ（P.86参照）

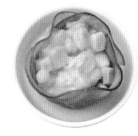

お魚サンドイッチ

材料（子ども1人分）
- ●ロールパン…1個
- ●卵…1個
- ●レタス…適量
- ●マヨネーズ…適量
- ●塩…少々
- ●スライスチーズ…適量
- ●のり…適量

作り方

1 ゆで卵を作る。卵をフォークなどで潰して、マヨネーズ、塩を混ぜて、卵サラダを作る。

2 パンの端から⅔ほどのところをくの字に切る。胴体部分に2本切り込みを入れ、切れ目側にマヨネーズを塗る。切り込みにレタスと**1**を挟む。

切り込みは真っ直ぐでもいいですが、くの字のほうが魚の尾びれらしくなります。

3 **2**に丸の型で抜いたチーズの目、のりの黒目をのせる。

うきわタコ

材料（2個分）
- ●ウインナソーセージ(赤いもの)…1本
- ●きゅうり…約1cm
- ●黒ごま…4粒
- ●スライスチーズ…適量
- ●パスタ…少々

作り方

1 ソーセージを斜め半分に切り、下のほうに縦に5本切り込みを入れて足を作る。1分ゆで、冷めたら楊枝で目の部分に穴をあけ、黒ごまを入れる。

ソーセージ1本で2個作れます。包丁の先で切り込みを入れます。

2 きゅうりを約5mm幅の輪切りにし、皮に等間隔に1周浅く切り込みを入れる。1つとばしで皮を包丁でそぎ取り、しま模様を作る。きゅうりの中心を丸型で抜く。きゅうりの穴に**1**を通す。

切り込みは浅くします。しま模様にすることでうきわっぽくなります。

3 **2**にストローで抜いたチーズをつけて口にする。真ん中をパスタでとめる。

※乾燥パスタは問題なく食べられることを確認してから、おべんとうに入れるようにしてください。

ハムカップ

材料（1個分）
- ●スライスハム…1枚
- ●好みの具(コーンなど)…適量
- ●ピザ用チーズ…適量

作り方

1 ハムの周囲に4カ所、1cmほどの切り込みを入れる。アルミカップに切り込み部分が重なるようにハムを敷き込み、カップ状にする。

アルミカップがない場合は、アルミホイルをカップ状に成形して代用できます。好きな大きさに作れるのでおすすめです。

2 **1**に好みの具を入れてチーズをかける。トースターで5分ほど焼く。

ハートの
オムライス
べんとう

オムライスの卵をハートの形に抜くだけで、
かわいい雰囲気になります。
野菜もちょっとした工夫でお花畑のできあがり!

ハートのオムライス

材料（子ども1人分）
【ケチャップライス】
- ●ご飯…80g
- ●ウインナソーセージ（半月切り）
  …½本分
- ●玉ねぎ（みじん切り）…⅕個分
- ●ケチャップ…大さじ1
- ●サラダ油…適量

【薄焼き卵】
- ●卵…1個　●塩…適量
- ●砂糖…小さじ½
- ●サラダ油…適量

【白いお花】
- ●かまぼこ…適量
- ●ぶぶあられ…2粒

作り方

1 熱したフライパンに油を引いて玉ねぎを炒める。玉ねぎがしんなりしたらソーセージ、ご飯を加えてさらに炒める。ケチャップで味をつける。

2 1を2等分し、ラップで包んで丸めたら、ラップをはずしておべんとう箱に並べる。

3 卵を溶きほぐし、砂糖と塩を加えて混ぜる。卵焼き器に薄く油を引いて、溶き卵を流し入れる。弱火で表面がかたまるまで焼き、薄焼き卵を作る。ハートの型で抜き、ケチャップライスの上にのせる。

薄焼き卵を作るときに、少し厚めを意識して焼くと、型で抜く際に卵が切れずにキレイに抜けます。

4 かまぼこを花の型で抜いて3にのせ、上にぶぶあられをのせる。

スナップえんどうと ヤングコーンのお花

材料（作りやすい分量）
- 豚薄切り肉…１枚
- スナップえんどう…２本
- ヤングコーン…１本
- 塩…少々
- 焼肉のタレ…少々
- 薄力粉…少々
- ぶぶあられ…適量
- サラダ油…適量

作り方

1 ヤングコーンは３分、スナップえんどうは２分ほどゆでる。

2 豚肉を広げて、塩をふる。

3 2の上にスナップえんどうを並べ、その中心に肉の幅に合わせて切ったヤングコーンを置く。花の形になるように巻いて、薄力粉をふる。

スナップえんどうの中心にヤングコーンをのせると、切ったときに花と葉っぱの形になります。

4 熱したフライパンに油を引き、肉の巻き終わりを下にして入れ、5分ほど転がしながら焼く。火が通ったら、焼肉のタレを入れてからめる。

5 4を食べやすい大きさに切って、ヤングコーンの中心にぶぶあられをのせる。

ヤングコーンと スナップえんどうの とうもろこしふう

材料（１個分）
- ヤングコーン…１本
- スナップえんどう…１本
- マヨネーズ…適量
- パスタ…少々

作り方

1 ヤングコーンは３分、スナップえんどうは２分ほどゆでる。

2 スナップえんどうのさやを半分開いて中の豆を取り出す。ヤングコーンはスナップえんどうの大きさに合わせて切る。

3 スナップえんどうの中にマヨネーズを入れ、ヤングコーンを入れてとうもろこし風にする。中心にパスタを刺してとめる。

ヤングコーンの下を斜め切りし、短いほうをスナップえんどうの内側に向けて入れると、固定しやすくなります。

※乾燥パスタは問題なく食べられることを確認してから、おべんとうに入れるようにしてください。

にんじんの 肉巻きロール

材料（作りやすい分量）
- 豚薄切り肉…１枚
- にんじん…約５cm分
- 焼肉のタレ…適量
- 薄力粉…適量　●サラダ油…適量

作り方

1 豚肉を広げ、その上にせん切りにしたにんじんを広げて巻く。薄力粉をふる。

薄切り肉全体ににんじんを広げて、手前からにんじんを巻き込みながら巻いていくと、色鮮やかなロール巻きになります。

2 熱したフライパンに油を引き、巻き終わりを下にして入れ、5分ほど転がしながら焼く。火が通ったら、焼肉のタレを加えてからめる。

かわいいデコ POINT
卵の黄身の色を 濃くするには？

卵には、黄身の黄色が色濃くでるもの、色が薄いものなど、それぞれ特徴があります。2〜3種類程度色の違いを覚えておき、作りたい卵レシピによって使い分けできるようになると、より世界観が統一されたかわいいおべんとうを作ることができます！ 卵を使い分けるのは手間がかかる……という人は、白身の量を調整してください。卵を溶く前に白身の量を減らすと、黄身の黄色がその分濃く出ます。

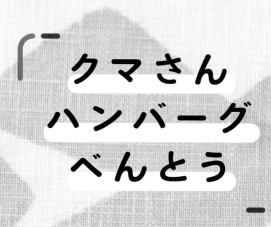

クマさん
ハンバーグ
べんとう

秋の紅葉シーズンにぴったりなおべんとう。
ハンバーグもクマさんにすれば、
子どもが喜ぶこと間違いなし！

クマさんハンバーグ

材料（作りやすい分量）
- ●合いびき肉…300g
- ●卵…1個
- A ●パン粉…大さじ3
- ●牛乳…大さじ3
- ●塩・こしょう…各少々
- ●玉ねぎ（みじん切り）…½個分
- ●サラダ油…適量
- ●スライスチーズ…適量
- ●チェダーチーズ…適量
- ●ウインナソーセージ…適量
- ●のり…適量　●パスタ…少々

【ハンバーグソース】
- ●ケチャップ…大さじ2
- ●ソース…大さじ2
- ●砂糖…小さじ½　●バター…5g

作り方

1 熱したフライパンに油を引き、玉ねぎを炒めて、あら熱を取る。

2 ポリ袋に **1** と **A** を入れて、粘りが出るまでよく揉み込む。食べやすい大きさに丸める。

3 油を引いたフライパンに **2** を並べ、中火で片面を焼く。裏返したら弱火にし、フタをして火が通るまで蒸し焼きにする。

4 ハンバーグを取り出す。同じフライパンにソースの材料を入れ、混ぜながら1分ほど煮詰める。ハンバーグを戻してソースとからめる。

5 半月切りにしたソーセージを、パスタで **4** にとめて耳にする。丸型でチーズを抜いて目と顔周りを作り **4** にのせる。黒目、鼻、口はのりを切ってのせる（型紙P.111）。

俵の顔おにぎり

材料（子ども1人分）
- ご飯…80g
- 塩…適量
- のり…適量
- ぶぶあられ…適量
- かに風味かまぼこ…適量

作り方
1. ご飯を2等分してラップに包み、俵形に丸めて、塩をふる。
2. のりを長方形に切り、1に髪の毛に見立てて巻く。まゆげ、目、口ものりを切ってのせる。鼻はぶぶあられ、ほっぺはかにかまで作ってのせる。

髪の毛の部分は顔にかからないよう、長さを調整します。まゆげの向きで表情が変わります。

※乾燥パスタと焼きパスタは、問題なく食べられることを確認してから、おべんとうに入れるようにしてください。

ボーダーチーズの紅葉

材料（作りやすい分量）
- スライスチーズ…1枚
- チェダーチーズ…1枚

作り方
1. チーズを室温で柔らかくしておく。2枚のチーズを重ねて縦に4等分し、さらに重ねる。横に半分に切り、もう一度重ねて縦半分に切る。キレイな断面を表にする。

重ねるときに、上から少し押さえてチーズ同士をくっつけます。型抜きの大きさに応じて重ねる枚数を調整してください。

2. お湯で軽く温めた紅葉の型で表面を抜く。

薄焼き卵のお花

材料（作りやすい分量）
- ツヤツヤ薄焼き卵（P.43）…1枚
- パスタ…少々

作り方
ツヤツヤ薄焼き卵を作る。縦半分に折り畳み、折った側全体に縦に切り込みを入れる。端から巻いていき、巻き終わりをパスタでとめる。

切り込みは等間隔で入れるとキレイに仕上がります。

どんぐり

材料（2個分）
- ミートボール（市販品）…1個
- スモークチーズ…1個
- 焼きパスタ（P.17）…少々

作り方
1. スモークチーズを半分に切る。
2. ミートボールを半分に切る。1と断面を合わせてくっつけ、上から焼きパスタを刺して固定する。

パスタを少し飛び出すように刺すと、よりどんぐりらしい見た目になります。

にんじんのゆかり和え

材料（作りやすい分量）
- にんじん…½本
- オリーブオイル…小さじ½
- ゆかり…小さじ½

作り方
1. にんじんをせん切りにする。耐熱容器ににんじんとオリーブオイルを入れて混ぜ、ふんわりとラップをかけて電子レンジで2分ほど加熱する。
2. 1にゆかりを混ぜる。

「ひこうきべんとう」

ひこうきが飛び立つところをカメラで撮影!
そんな瞬間をおべんとうで表現できると、
子どもの満面の笑みが見られるはずです!

にんじんの飾り切り(P.10参照)

ひこうきおにぎり

材料（子ども1人分）
- ご飯…80g
- 塩…適量
- のり…適量
- かに風味かまぼこ…適量

作り方
1 ご飯をラップで包み、ひこうきの形にととのえて塩をふる。

先っぽを丸く、翼を大きめに作るとひこうきらしくなります。おにぎりの中に具を入れてもOK。外側に見えないようにします。

2 のりを四角く切って、フロントガラス、横の窓を作り、1に貼る。

3 かにかまの赤い部分を細長く切り、窓の下につける。

エビカツ

材料（作りやすい分量）
- むきえび…150g
- はんぺん…1枚
- A
  - マヨネーズ…小さじ1
  - 片栗粉…大さじ1
  - 塩…少々
- 薄力粉…適量
- 溶き卵…1個分
- パン粉…適量
- 揚げ油…適量

作り方
1 えびは塩と片栗粉（分量外）を揉み込み、洗って水けをふき取り、粗めに刻む。はんぺんは袋のまま揉んで潰す。

2 ポリ袋に1とAを入れて、粘りが出るまでよく揉み込む。

3 2を食べやすい大きさの楕円形にし、薄力粉、溶き卵、パン粉の順に衣をつける。170℃の油で5〜6分ほど揚げる。

卵のカメラ

材料（1本分）
- 卵…2個
- 砂糖…小さじ1
- スライスチーズ…適量
- サラダ油…適量
- のり…適量
- パスタ…少々

作り方
1 卵を溶いて砂糖を混ぜる。熱した卵焼き器に薄く油を引いて、卵焼きを作る。

2 1を好みの大きさに切り、それよりひと回り細い長方形にのりを切って巻きつける。

3 丸型で抜いたチーズに、ひと回り小さい丸型で抜いたのりを重ねてレンズ部分を作り、2につける。

レンズ部分ののりはハサミで切ってもOK。マヨネーズでつけると取れにくくなります。

4 残った卵焼きを少し切り取り、シャッターボタンの部分につけてパスタでとめる。

※乾燥パスタは問題なく食べられることを確認してから、おべんとうに入れるようにしてください。

ソーセージブロック

材料（2個分）
- 魚肉ソーセージ…約4cm

作り方
1 魚肉ソーセージを切って1cm四方の立方体と少し長めの直方体を作る。切った断面にストローを貫通するまで差し込み、抜いて中身を取り出す（立方体は4つ、直方体は6つ穴をあける）。

2 穴があいたところに、抜いたソーセージを少し飛び出すように押し込む。

飛び出す長さをすべて均等にすると、よりキレイに仕上がります。

「コーン巻き おにぎりべんとう」

大好きなコーンがお寿司に変身!?
目を引く明るい黄色メインのおべんとうで、
子どもの気分もウキウキに♪

コーン巻きおにぎり

材料（子ども1人分）
- ご飯…80g
- とうもろこし（輪切り）…約5cm
- のり…適量
- 塩…適量
- 餃子の皮…1枚
- ぶぶあられ…2粒

作り方

1 とうもろこしを塩ゆでする。とうもろこしを立てて、芯に沿って実がくずれないように切る。

子どもが食べるおにぎりの大きさに合わせて、芯ギリギリのところを切ります。

2 ご飯を2等分し、ラップで包み俵形にして塩をふる。

3 2の上に1をのせて、1cm幅に切ったのりで巻く。

4 餃子の皮の花を作る。餃子の皮を花の型で抜き、クッキングシートの上にのせて電子レンジで30秒ほど加熱する。3の上にのせ、花の中心にぶぶあられをのせる。

卵焼きのおにぎり

材料（作りやすい分量）
- 卵…1個
- 砂糖…小さじ½
- サラダ油…少々
- 塩…少々
- のり…適量

作り方

1 P.25を参照して卵焼き器で卵焼きを作り、熱いうちにラップで包んで、巻きすで三角の形にする。冷めたらラップをはずして1cm幅に切る。

巻きすで巻くときに、力を入れてぎゅっと巻くのがコツ。三角形の形がキープされます。

2 おにぎりの形に合わせて切ったのりを巻く。

にんじんナムル

材料（作りやすい分量）
- にんじん(せん切り)…½本分
- 塩…少々
- ごま油…大さじ1
- しょうゆ…小さじ½
- 鶏がらスープの素(顆粒)…少々

作り方

1 にんじんに塩をふり、しんなりしたら、水で洗って水けを絞る。

2 1に塩、ごま油、しょうゆ、鶏がらスープの素を入れて混ぜる。

きゅうりのスイカ

材料（作りやすい分量）
- かに風味かまぼこ（赤い部分）…適量
- きゅうり（半月切り）…2枚
- 黒ごま…適量
- マヨネーズ…適量

作り方

1 きゅうりの上に少しマヨネーズをつける。

2 かにかまを丸型で抜き、半分に切る。1にのせて、黒ごまを種に見立ててのせる。

かにかまは、きゅうりの皮部分が少し見える程度のサイズに切ることで、スイカらしい仕上がりになります。

かまぼこと
枝豆のバラ

材料（2個分）
- ちくわ…½本
- かまぼこ（ピンク・薄切り）…2枚
- 枝豆…1粒

作り方

1 ちくわを半分に切る。

2 かまぼこを巻いてちくわの中に入れ、ゆでた枝豆を¼に切って葉っぱに見立てて入れる。

「ナポリタン べんとう」

定番のナポリタンも
にっこり笑顔のデコおかずと組み合わせて。
ウインナも切り込みを入れるだけで
キレイな花を咲かせることができます。

ナポリタン

材料（子ども1人分）
- パスタ…30g
- ウインナソーセージ（斜め薄切り）
  …1本分
- ピーマン（せん切り）…¼個分
- 玉ねぎ（せん切り）…⅛個分
- ケチャップ…大さじ1
- サラダ油…大さじ1

作り方

1 パスタを袋の表示時間通りにゆでる。

2 熱したフライパンに油を引き、ピーマン、玉ねぎ、ソーセージを炒める。ケチャップを入れて、さらに炒める。

3 2にゆでたパスタを入れてからめる。

ミニおにぎり

材料（1個分）
- ご飯…少量（8g）
- 塩…適量
- のり…適量
- 黒ごま…2粒
- ぶぶあられ…2粒

作り方
ラップにご飯を包み、三角の形に握って塩をふる。のりを長方形に切って巻く。黒ごまとぶぶあられは、それぞれ目、ほっぺになるよう、バランスよくのせる。

花型にこちゃん

材料（作りやすい分量）
- 卵…1個
- のり…適量
- 黒ごま…2粒
- ぶぶあられ…2粒

作り方

1 卵を熱湯に入れて、10分ほどゆでる。やけどに注意しながら、熱いうちに殻をむく。

> **MEMO▶** ゆで始め1分くらいは卵を転がすと、黄身が真ん中によりやすくなります。

2 ラップの上に竹串5本を等間隔になるように並べて、**1**を巻く。巻き終わったら、輪ゴムで両端をとめる。冷めたら1cm幅に切る。

輪ゴムで両端をきつくとめましょう。卵が冷めたあとだと、キレイな形にならないので、熱いうちに形を作ります。

3 のりを口の形の型で抜き**2**にのせる。黒ごま、ぶぶあられは、それぞれ目、ほっぺになるよう、バランスよくのせる。

ウインナのバラ

材料（作りやすい分量）
- ウインナソーセージ(赤いもの)…1本

作り方

1 ソーセージは長さを半分に切る。ソーセージの周りに4〜5mmぐらいの深さで斜めに切り込みを入れる。

切り込みの深さで開き方が変わります。深くするほど、大きく開きバラっぽさがでます。

2 1分ほどゆで、花びらが開いたら完成。

野菜の お花ロール

【にんじんのお花ロール】

材料（作りやすい分量）
- 豚薄切り肉…1枚
- にんじん(約5cm長さのせん切り)…適量
- さやいんげん…2本
- 焼肉のタレ…適量
- 薄力粉…適量
- ぶぶあられ…適量
- サラダ油…適量

作り方

1 いんげんは2分ほどゆでる。

2 豚肉を広げ、その上ににんじんと**1**を広げて巻く。薄力粉をふる。

にんじん、いんげんの長さはそろっていなくてもOK。焼いた後に、はみ出した部分を切ればキレイに仕上がります。

3 熱したフライパンに油を引き、巻き終わりを下にして入れ、5分ほど転がしながら焼く。火が通ったら、焼肉のタレを加えてからめる。

4 **3**を食べやすい大きさに切る。にんじんの上にぶぶあられをのせる。

【3色野菜ロール】

材料（作りやすい分量）
- 豚薄切り肉…1枚
- 赤・黄パプリカ(細切り)…各少々
- ピーマン(細切り)…少々
- 焼肉のタレ…適量
- 薄力粉…適量
- サラダ油…適量

作り方

1 豚肉を広げ、その上にパプリカ、ピーマンをのせて巻く。薄力粉をふる。

手前から赤パプリカ・ピーマン・黄パプリカの順番にして巻くと、切ったときに花束のような見た目になります。

2 熱したフライパンに油を引き、巻き終わりを下にして入れ、5分ほど転がしながら焼く。火が通ったら、焼肉のタレを加えてからめる。食べやすい大きさに切る。

「はりねずみべんとう」

2匹のはりねずみが森の中で
遊んでいるところをイメージしたおべんとう。
削り節を使うだけで簡単にできる
楽ちんデコおにぎりです。

はりねずみ
おにぎり

材料（子ども1人分）
- ご飯…80g
- 削り節…1パック
- 塩…適量
- しょうゆ…少々
- スライスチーズ…適量
- のり…適量
- 黒ごま…4粒
- ぶぶあられ…4粒

作り方

1 ご飯を2等分してラップで包み、楕円の形に握って塩をふる。削り節にしょうゆを加えて、おにぎりの周りにつける。

細かい削り節を使ったほうがキレイにご飯につきます。削り節は、小皿に出してから、おにぎりの周りにつけると、はりねずみっぽく仕上がります。

MEMO▶ 細かい削り節がないときは、削り節をラップで包んで揉むと細かくできます。

2 のりを切って鼻と手を作る。耳はチーズをストローか丸型で抜いて半分に切る。

型抜きがなくても、ストローを使えばキレイな円形を作ることができます。

3 黒ごまを目の位置にのせ、**2**で作った鼻、手、耳をバランスよくのせて、ほっぺにぶぶあられをのせる。

ウインナきのこ

材料（2個分）
- ウインナソーセージ（赤いもの）…1本
- マヨネーズ…適量

作り方

1 ソーセージは長さを半分に切る。ストローを切り口に刺し、ソーセージの半分ぐらいのところまで押し込む。

ソーセージの大きさに合ったストローを使い、ソーセージの中心にストローを刺すのがポイントです。

2 ストローの周囲にぐるりと切り込みを入れ、先端の部分を残して切り取る。ストローを抜くと、きのこの形になる。1分ほどゆでる。

切り込みは、刺したストローに当たるまで入れてください。

3 **2**が冷めたら、マヨネーズできのこのカサ部分に水玉模様を描く。

MEMO▶ 楊枝を使うと描きやすいです。

魚肉ソーセージの
お花

材料（1個分）
- 魚肉ソーセージ…約1cm
- ぶぶあられ…1粒

作り方
魚肉ソーセージを花の型で抜く。花びら部分を斜めに切って、立体的にする。中心にぶぶあられをのせる。

アスパラの
ベーコン巻き

材料（2個分）
- グリーンアスパラガス…2本
- ベーコン（ハーフカット）…2枚

作り方

1 アスパラをベーコンで巻いて、巻き終わりを楊枝でとめる。

2 耐熱皿にのせ、ふんわりとラップをかけて、電子レンジで2分ほど加熱する。冷めたら楊枝を抜く。

レインコート
おにぎりべんとう

ツヤツヤとした薄焼き卵の作り方を覚えておくと
いろんなデコべんとうに使えます。
レインコートのつるっとした感じが表現できて楽しいおべんとうに！

魚肉ソーセージのあじさい
（P.68参照）

レインコートおにぎり

【ツヤツヤ薄焼き卵】

材料（子ども1人分）
- ●卵…1個
- A ●砂糖…小さじ½
- ●水溶き片栗粉…小さじ1
- ●サラダ油…適量

作り方

1 Aの材料を混ぜて、こし器でこす。

2 熱した卵焼き器に薄く油を引く。ぬれ布巾にのせて、あら熱を取り、1を流し入れる。

3 卵焼き器を火に戻してフタをし、弱火で卵の表面が乾くまで焼く。

【顔のおにぎり】

材料（子ども1人分）
- ●ご飯…80g
- ●塩…少々
- ●のり…適量
- ●ぶぶあられ…2粒
- ●黒ごま…4粒
- ●かに風味かまぼこ…適量
- ●パスタ…少々

※乾燥パスタは問題なく食べられることを確認してから、おべんとうに入れるようにしてください。

作り方

1 ご飯を2等分して（子用のご飯を少し残しておく）ラップで包み、丸めて塩をふる。

2 薄焼き卵を長方形に切って半分に折る。折り目が手前にくるように薄焼き卵を1に巻きつけ、端をパスタでとめる。巻き終わりが隠れるように1で残しておいたご飯を丸めて手をつける。

ツヤツヤの面が表になるように折ります。巻きつけた際、端が少し重なるので、そこをパスタでとめます。

3 のりで髪と口、丸型で抜いたかにかまでほっぺを作って、2につける。黒ごまで目をぶぶあられで鼻をつける。

塩昆布ピーマン

材料（作りやすい分量）
- ●ピーマン…2個
- ●ごま油…小さじ1
- ●塩昆布…小さじ1（2g）

作り方

1 ピーマンは縦半分に切り、ヘタ、種、ワタを取って細切りにする。耐熱容器にピーマンとごま油を入れて混ぜ、ふんわりとラップをかけて電子レンジで2分ほど加熱する。

2 1に塩昆布を混ぜる。

くるくるカタツムリ

材料（作りやすい分量）
- ●スライスハム…1枚
- ●スライスチーズ…1枚
- ●ポークビッツ…1本
- ●焼きパスタ（P.17）…少々

作り方

1 ラップの上にハムとチーズをのせて、電子レンジで10秒ほど加熱する。冷蔵庫で冷やし、冷えたら端を切り落とし、1cm幅に切る。

2 ポークビッツを端から⅔程度のところで斜めに切り、長いほうの断面にパスタを刺し、1につける。

断面の上のほうに、くるくるハムチーズがつくよう、パスタで固定します。

3 2に短く切った焼きパスタを2本つけてツノにする。

「恐竜べんとう」

はんぺんで作った恐竜が大きな卵を発見！
その卵……実はチャーハン!?
型紙を使えば恐竜だってできちゃいます！

無限にんじん（P.68参照）

恐竜卵チャーハン

材料（作りやすい分量）
- ご飯…200g
- ハム…1枚
- 溶き卵…1個分
- 長ねぎ…5cm
- ごま油…適量
- A
  - しょうゆ…小さじ1
  - 塩…少々
- のり…適量

作り方

1 ねぎはみじん切り、ハムは1cm角に切る。

2 熱したフライパンにごま油を引き、溶き卵を入れて炒める。卵に火が通りすぎないタイミングで1を加えて炒める。ご飯を入れてさらに炒め、Aを加え味をととのえる。

3 おべんとうに入れる量だけラップで包み、卵の形に握る。しばらく冷ます。

4 3のラップをはずし、細く切ったのりをギザギザの形になるように端から貼る。

のりは同じ長さに何枚も切っておくと、貼るときが楽です。

チーズの卵

材料（1個分）
- スライスチーズ…1枚
- かに風味かまぼこ…1本

作り方

1 チーズは室温に置いて柔らかくし、楊枝で卵の形に切る。

楊枝の尖ったほうをチーズに当てて切ります。室温で柔らかくなっているので、曲線もスムーズに切れます。

2 かにかまの赤い部分をはがして、丸型で抜いて1に貼る。はみ出た部分は切り落とす。

から揚げ

材料（作りやすい分量）
- 鶏もも肉…1枚
- しょうゆ…大さじ1
- 鶏がらスープの素（顆粒）…小さじ½
- 塩…少々
- 片栗粉…適量
- 揚げ油…適量

はんぺん恐竜

材料（1個分）
- はんぺん…1枚
- しょうゆ…適量
- のり…適量

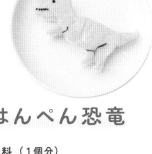

作り方

1 はんぺんを½の厚さにスライスする。はんぺんの上に恐竜の形に切った型紙(P.111)をのせる。型紙に沿ってデコレーションナイフなどで切り取る。

はんぺんは半分にスライスしたくらいの厚さが扱いやすいです。ナイフを小刻みに動かして切ります。

2 はけで1の表面にしょうゆを薄く塗って色をつける。

3 のりを切って腕や足のつけ根の線、目、歯を作り、それぞれ2にのせる。

作り方

1 鶏もも肉を食べやすい大きさに切る。ポリ袋の中に鶏肉としょうゆ、鶏がらスープの素、塩を入れて揉み込む。

2 片栗粉を1に入れて、まんべんなく粉をつける(粉っぽさが少し残るぐらいでOK)。

3 180℃の油で2を5分ほど揚げる。

カタツムリの
お好み焼きべんとう

カタツムリの殻に見立てたお好み焼きが主役のおべんとう。
見つめ合うカエルとカタツムリが
かわいさを引き立てるポイントです!

カタツムリの
お好み焼き

材料（直径7cm 6枚分）
【お好み焼き】
- キャベツ…150g
- A ┌ 薄力粉…100g
  └ 水…100mℓ ● 卵…1個
- サラダ油…適量
- お好み焼きソース…適量
- マヨネーズ…適量

【カタツムリの体】
- ご飯…60g ● のり…適量
- めんつゆ（3倍濃縮）…小さじ½
- プロセスチーズ…適量
- かに風味かまぼこ…適量
- 焼きパスタ（P.17）…少々

作り方

1 キャベツを粗みじん切りにし、**A**を混ぜる。熱したフライパンに油を引き、直径約7cmになるように流し入れ、焼き色がついたら裏返してフタをし、2分ほど焼く。

2 ご飯にめんつゆを混ぜてラップで包み、カタツムリの体の形になるように握る。

3 お好み焼き2枚を重ねておべんとう箱に詰める。**2**を横に置く。

4 お好み焼きの表面にソースを塗り、マヨネーズを渦巻き状に絞る。

5 丸型で抜いたチーズを焼きパスタでご飯につけて目にする。のりで黒目と口を作ってのせる。丸型で抜いたかにかまをほっぺにのせる。

焼きパスタが5mmほど見えるように目をつけると、カタツムリのツノらしくなります。

きゅうりのカエル

材料（1個分）
- きゅうり…1.5〜2cm
- プロセスチーズ…適量
- のり…適量
- かに風味かまぼこ…適量
- 黒ごま…2粒
- パスタ…少々

作り方
丸型で抜いたチーズをきゅうりにパスタでつけ、のりで作った黒目と口をつける。黒ごまを鼻に、かにかまをストローで抜いて、ほっぺにのせる。

丸型の代わりに短く切ったストローを使います。赤いほっぺがあるだけでかわいさがアップします。

※乾燥パスタは問題なく食べられることを確認してから、おべんとうに入れるようにしてください。

おかかブロッコリー

材料（子ども1人分）
- ブロッコリー…2〜3個房
- 削り節…ひとつまみ
- しょうゆ…適量

作り方
ブロッコリーをゆでる。水けをきって、削り節としょうゆで和える。

野菜のあじさい

材料（1個分）
- 大根のお花（P.21）…適量
- ブロッコリー…1房
- ぶぶあられ…適量
- 塩…少々

作り方

1 大根をあじさいの型で抜く。P.21と同じように、ゆかり甘酢に漬け込む。

2 塩ゆでしたブロッコリーの上に**1**をのせる。花の中心にぶぶあられをのせる。

ブロッコリーの上にのせることで、あじさいらしい丸いシルエットになります。花が落ちないよう、マヨネーズでつけます。

かわいいデコPOINT

マヨネーズを
細く出すためのグッズ

細くマヨネーズやソースをかけたいときに便利なのが、スイーツを作るときに使うチョコレートペン用のグッズ。100円ショップなどで販売されています。

「オムハムべんとう」

オムライスがホットドッグに変身！
かわいいシマエナガはマッシュポテトを使うことで
形が作りやすく、初心者にもおすすめです。

きゅうりとツナのマヨネーズ和え
（P.86 参照）

オムハム

材料（作りやすい分量）
- ケチャップライス(P.30)…100g
- 薄焼き卵(P.30)…1枚
- ハム…50g
- ケチャップ…適量
- レタス…適量

作り方
1 薄焼き卵を作る。

2 ケチャップライスを薄焼き卵で包みオムライスを作る。ホットドッグの形にととのえて、中央に縦に切り目を入れる。

ラップを上から被せて、一度形をととのえてから、切り目を入れると形をキレイに保てます。ラップをはずすときは丁寧にゆっくりと。

3 ハムを1cmの厚さに切り、レタスと一緒に**2**に挟む。

4 おべんとう箱に詰め、ケチャップをかける。

マッシュポテトの シマエナガ

材料（作りやすい分量）
- じゃがいも…小½個
- 牛乳…大さじ1
- 塩…適量
- のり…適量
- ぶぶあられ…適量
- 黒ごま…適量

作り方
1 じゃがいもをラップで包み、電子レンジで2分ほど加熱する。かたい場合はさらに1分ほど加熱する。

2 **1**の皮をむいてフォークで潰し、牛乳を加え、塩で味をととのえる。ラップで包み、卵形に丸め、ラップをはずす。

卵の形をイメージしながら、形をととのえると◎。

3 シマエナガの羽、くちばし、足をのりで作って**2**にバランスよくのせる。黒ごま、ぶぶあられを目、ほっぺの位置にのせる。

黒ごまは尖っているほうを上にしてのせると目らしく仕上がります。

ハートの ちくわチーズ

材料（1個分）
- ちくわ…縦½本
- スライスチーズ…縦¼枚

作り方
1 スライスチーズをちくわの焼き目がついているほうにのせる。両側から中央に向かって折り、ハートの形にして楊枝でとめる。残りのチーズを使って、すきまを埋めるようにする。

ちくわの内側を中に入れるイメージで折り込みます。ちくわの焼き目を見せることで、色つきのかわいいハートができます。

2 アルミホイルにのせて、トースターでチーズが溶けるまで1分ほど焼く。

3 はみ出したチーズを取り除いて形をととのえる。冷めたら楊枝をはずす。

郵便車
おにぎりべんとう

かにかまで巻いた真っ赤な郵便車は
くるまが大好きな子どもが喜ぶおべんとう。
真っ白なはんぺんで手紙を添えれば世界観も統一できます。

郵便屋さん
おにぎり

材料（子ども1人分）
- ご飯…100g
- 塩…少々
- かに風味かまぼこ…適量
- のり…適量
- スライスチーズ…1枚

作り方

1 ご飯をラップで包み、車の形にととのえ塩をふる。

2 かにかまの赤い部分をはがし、すきまができないよう1に貼る。ラップで包んで、しばらく置いてなじませる。

前面から側面まで貼れていればOK。足りない部分は、サイズに合わせて切ったかにかまを貼って埋めます。

3 のりを切って窓とタイヤを作り、2に貼る。チーズを切って前のライト、郵便マークを作る。のりのタイヤより小さい丸型でチーズを抜いて、のりの上につける。

ぴよちくわ

材料（2個分）
- ちくわ…½本
- コーン(冷凍または缶詰)…4粒
- 黒ごま…4粒
- ケチャップ…適量

作り方

1 ちくわを半分に切る。

2 コーンを2粒重ねてちくわの穴に入れる。黒ごまで目をつける。ケチャップでほっぺをつける。

なすのピザ

材料（作りやすい分量）
- なす…½本
- ケチャップ…適量
- ピザ用チーズ…適量

作り方

1 なすを約1cm幅の輪切りにする。水にさらしてアクを抜き、水けをきる。

2 アルミホイルになすを並べ、ケチャップを塗る。チーズをかけてトースターで5分ほど焼く。

はんぺんの手紙

材料（1個分）
- はんぺん…好みの大きさ
- のり…適量

作り方

はんぺんを長方形に切る。細く切ったのり2本をV字にのせる。

星型卵

材料（作りやすい分量）
- 卵…2個
- 砂糖…小さじ1
- サラダ油…適量

作り方

1 卵を溶きほぐして砂糖を入れて混ぜる。油を引いた卵焼き器で卵焼きを作る。

2 1が熱いうちに「きゅうりの型」(P.9)に入れ、はみ出た部分を取り除く。あら熱が取れたら食べやすい大きさに切る。

箸の側面などを使って押し込むと、星の角まで入りやすいです。思い切りぎゅっと閉めてOK。

スパムおにぎり べんとう

クッキーの型を使えば、さまざまな材料を
かわいい形に変身できます。
いつものおべんとうの材料をデコおべんとうに
ちょこっと変えたいときにも使えるアイデアです。

スパムおにぎり

材料（子ども1人分）
- ●ご飯…100g
- ●スパム（約5mmの厚さ）…1枚
- ●チェダーチーズ…適量
- ●のり…適量
- ●塩…少々
- ●餃子の皮の花（P.37）…適量
- ●ぶぶあられ…2粒

作り方
1 スパムを花の型で抜く。熱したフライパンで少し焼き色がつくぐらいまで焼く。

クッキー用の型を使っています。2枚分を1枚のスパムから抜けるように、型を端に置いて抜きましょう。

2 ご飯を2等分し、ラップで丸く握って塩をふる。

3 **2**の上にスパムをのせて、5mm幅の帯状に切ったのりで巻く。スパムよりひとまわり小さい花の型で抜いたチーズをのせる。餃子の皮の花を中心に置き、その上にぶぶあられをのせる。

にんじんのお花と大根のちょうちょ

【にんじんのお花】

材料（3個分）
- ●にんじん（5mm幅の輪切り）…3枚
- ●バター…5g
- ●水…小さじ1
- ●砂糖…小さじ½

作り方
1 にんじんを花の型で抜いて飾り切り（P.10）をする。

2 耐熱容器に**1**とバター、水、砂糖を入れ、電子レンジで1分ほど加熱する。

【大根のちょうちょ】

材料（作りやすい分量）
- ●大根（5mm幅の輪切り）…1枚

作り方
大根をゆで、ちょうちょの型で抜く。

大根はゆでる前と後、どちらのタイミングで抜いてもOKです。

ひよこの卵焼き

材料（作りやすい分量）
- ●卵…1個　●砂糖…小さじ½
- ●にんじん…適量　●サラダ油…適量
- ●ぶぶあられ…2粒　●のり…適量

作り方
1 ボウルに卵を溶き、砂糖を入れて混ぜる。油を引いた卵焼き器で卵焼きを作る。熱いうちにラップで包んで、巻きすで丸い形にする。1cm程度の厚さに切る。

2 のりで目、足を作って、**1**にバランスよくのせる。くちばしはにんじんを小さく切ってのせ、ぶぶあられをほっぺの位置にのせる。

にんじんはひし形に切ると、ひよこのくちばしに見えます。のりで作ってもOKです。

ピーマンのおかか和え

材料（作りやすい分量）
- ●ピーマン…1個　　●しょうゆ
- ●削り節…小さじ1　　　…小さじ1

作り方
ピーマンを縦に細切りする。耐熱容器に入れラップをふんわりかけ、電子レンジで1分00秒ほど加熱する。水けをきり、削り節としょうゆを加えて混ぜる。

「グラタン べんとう」

おべんとう箱の大きさに合わせたアルミカップで
グラタンを作ることがポイント。
ちょうちょやひまわりなど、にぎやかなおかずを
一緒に入れれば、わくわくするおべんとうに!

グラタン

材料（アルミカップ3つ分）
● 鶏もも肉…80g
● しめじ…½パック
● 玉ねぎ…¼個
● マカロニ…50g
● 薄力粉…大さじ1½
● 牛乳…200mℓ
● コンソメ（顆粒）…小さじ1
● 塩…少々
● バター…20g
● ピザ用チーズ…適量

作り方

1 しめじは石づきを取り、半分に切
る。玉ねぎは薄切り、鶏肉は小さ
めのひと口大に切る。

2 鍋にお湯を沸かして塩適量（分量
外）を入れ、マカロニを袋の表記
時間より1分短くゆでて、ざるに
あげ、お湯を切る。

3 熱したフライパンにバターを入れ、
1を炒める。鶏肉に火が通ったら
薄力粉を入れる。薄力粉がなじん
だら牛乳を数回に分けて少しずつ
加え、その都度混ぜ合わせる。

4 3に2、コンソメ、塩を加えて混
ぜ、とろみがついたら火から下ろ
す。

5 4をアルミカップに入れてチーズ
をかけ、トースターで焼き色がつ
くまで7〜8分ほど焼く。

ソーセージ
ひまわり

材料（2個分）
● 薄焼き卵（P.19）… 1枚
● ウインナソーセージ… 1本
● パスタ… 少々

作り方

1 ソーセージを半分に切り、断面に格子状に切り込みを入れてフライパンで焼く。

2 薄焼き卵を作り、長方形に切って半分に折り、折った側に等間隔に切り込みを入れる。

切り込みは、必ず折った側に入れます。ハサミでもナイフでもOK。

3 **1**の周りに**2**を巻いてパスタでとめる。

※乾燥パスタと焼きパスタは、問題なく食べられることを確認してから、おべんとうに入れるようにしてください。

卵焼きの
ちょうちょ

材料（作りやすい分量）
● 卵焼き（P.15）… 1本
● 焼きパスタ（P.17）… 少々

作り方

1 卵焼きを作る。熱いうちにラップで包み、竹串2本で上下を挟み両端を輪ゴムでとめる。冷めたらラップと竹串をはずして食べやすい大きさに切る。

卵焼きは、角張ったものより丸く焼いたほうがかわいくなります。熱いうちに挟んで冷まします。

2 焼きパスタを**1**に2本刺して触覚にする。

タコさんウインナ

材料（2個分）
● ウインナソーセージ（赤いもの）… 1本
● 黒ごま… 4粒
● スライスチーズ… 適量

作り方

1 ソーセージを斜め半分に切り、下のほうに縦に5本切り込みを入れる。1分ゆで、冷めたら楊枝で目の部分に穴をあけ、黒ごまを入れる。

2 チーズを丸型で抜く。中をストローなどのさらに小さい丸型で抜いてドーナツ状にして、**1**につける。

にんじんの
みそきんぴら

材料（作りやすい分量）
● にんじん（せん切り）… 1本分
● ごま油… 大さじ½
● みそ… 小さじ2
● 白すりごま… 大さじ1

作り方

熱したフライパンにごま油を引き、にんじんを炒める。水少量（分量外）で溶いたみそをフライパンに回し入れ、水けを飛ばすように炒める。白すりごまを加えて混ぜる。

かわいいデコ POINT

キレイにおべんとう箱におさまる
グラタンの作り方

子ども用おべんとうのグラタンに使うアルミカップは、100円ショップなどで売っているパウンドケーキ型の小さいサイズが便利です。作る前に、あらかじめおべんとう箱の形に合わせて変形させておくと、焼いたあと、おべんとう箱にすっぽり入ります。

「柴犬いなりの
べんとう」

しっぽやお尻、足や肉球までこだわった、
かわいい柴犬のおいなりさんが主役のおべんとうです。
彩りのよい野菜のおかずを入れると、
より柴犬のかわいさが引き立ちます。

柴犬いなり

材料（子ども1人分）
- ●ご飯…100g
- ●いなり揚げ（市販・味つきのもの）…2枚
- ●スライスチーズ…少量
- ●のり…少量
- ●ぶぶあられ…2粒
- ●パスタ…少々
- ●マヨネーズ…適量

作り方
1 いなり用油揚げの角を丸く切り、顔とお尻の部分を作る。油揚げの残りで耳としっぽを作る。

耳は三角に、しっぽは、柴犬のくるっとしたしっぽの形をイメージしながら切ります。

2 ご飯を2等分(足用にご飯を少し残す)してラップで包んで丸める。ラップをはずして油揚げの中に入れる。お尻になるほうは真ん中をくぼませて、花の型で抜いたのりをのせる。

3 パスタで耳としっぽをつける。のり、マヨネーズ、チーズで顔のパーツを作ってのせ、ぶぶあられをほっぺにする。

顔のパーツはのりパンチで抜いてもUK。まずは耳をつけてから、バランスを見つつ、各パーツをのせていくとかわいく仕上がります。

4 残りのご飯を丸く握って足を作り、お尻の下にパスタでとめる。のりを肉球の形に切ってのせる。

かぼちゃのサラダ

材料（子ども1人分）
- ●かぼちゃ…30g
- ●マヨネーズ…適量
- ●塩…適量

作り方
1 かぼちゃをラップに包んで電子レンジで1分加熱する。

2 1をフォークで潰して、マヨネーズ、塩を加えて味をととのえる。

ピーマンの コンビーフ炒め

材料（作りやすい分量）
- ●ピーマン…1個
- ●コンビーフ…20g
- ●塩…少々

作り方
1 ピーマンを縦に細切りする。耐熱容器に入れ、ふんわりとラップをかけて電子レンジで1分加熱する。

2 水けをきり、コンビーフを加えて、さらに電子レンジで1分加熱する。

3 2に塩を加えて、味をととのえる。

ハムチーズロール

材料（作りやすい分量）
- ●スライスハム…1枚
- ●スライスチーズ…1枚

作り方
1 ラップの上にハム、チーズをのせて、電子レンジで10秒ほど加熱する。

ハムとチーズ1枚ずつで、何個も作れる簡単デコおかずです。

2 ラップを巻きすのように使いながら、ハムチーズをくるくる巻き、冷めたら1cm幅の輪切りにする。冷蔵庫に入れて冷ましてもよい。

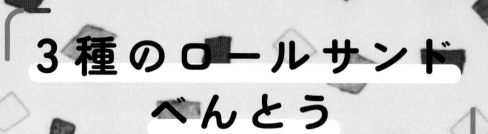

3種のロールサンド
べんとう

材料をくるくると巻いて作るロールサンドは、
一口サイズで食べやすいのが特徴。
中身の材料を変えるとアレンジが無限に広がる、
お手軽おべんとうです！

魚肉ソーセージ ロールサンドの朝顔

材料（子ども1人分）
- サンドイッチ用食パン… 1枚
- バター…適量
- 魚肉ソーセージ…1本
- スライスチーズ…適量

作り方

1 バターを塗った食パンで魚肉ソーセージを巻く。ラップで包んで、しばらく置いてなじませる。3等分に切る。

魚肉ソーセージは、食パンの幅に合わせて切っておきます。時間があるなら、ラップを巻いてパンをなじませると、材料がはがれにくくなります。

2 1に星の型で抜いたチーズをのせる。

チーズやのりは、端から使うとあまった分をムダなく再利用できます。

卵サラダのハチ

材料（子ども1人分）
- サンドイッチ用食パン… 1枚
- ゆで卵… 1個
- マヨネーズ…少々
- のり…適量
- スライスチーズ…適量
- ぶぶあられ…適量

作り方

1 ゆで卵を潰してマヨネーズで和え、卵サラダを作る。

2 食パンの真ん中に卵サラダを細長く広げて巻く。ラップで包んで、しばらく置いてなじませる。3等分に切る。

3 細長く切ったのりと丸型で抜いたのり、マヨネーズをハチの目、模様に見立ててのせる。ぶぶあられをほっぺにのせる。

4 ハートの型でチーズを抜き、羽に見立てて、3にのせる。

チーズを羽っぽく切ってもOKですが、ハートの型で抜いたほうが手軽です。

かにかまリンゴの レタス巻き

材料（子ども1人分）
- サンドイッチ用食パン… 1枚
- かに風味かまぼこ…適量
- レタス…適量
- バター…少々

作り方

1 食パンに薄くバターを塗る。

2 食パンの上にレタス、パンの幅に合わせて切ったかにかまをのせて巻く。ラップで包んで、しばらく置いてなじませる。

リンゴらしい見た目にするためには、かにかまの間があかないようにするのがコツ。ラップでぎゅっときつめに包みましょう。

3 2を3等分に切り、触覚は細く切ったのり、模様は花の型で抜いたのりをのせる。

かわいいデコ POINT
アルミホイルが切り分けに大活躍！

ロールサンドをおべんとう箱の深さに合わせて、その都度切るのは意外と手間がかかるので、3等分するのがおすすめ。そこで活用できるのが、アルミホイルです。まずは、アルミホイルをサンドイッチパンの幅に合わせてカットしたら、3つ折りにします。このアルミホイルの幅に合わせて食パンを切っていくとキレイに3等分できます。一度作ってしまえば、ロールサンドを作る度に活用できるので、とっても便利です。

お花のカレーご飯
べんとう

卵でご飯を巻いて、大きなお花を咲かせましょう。
大根やポークビッツを使って、お花畑のできあがり。
かわいいうさぎがアクセントになります。

お花カレーご飯

材料（子ども1人分）
● ご飯…100g
● 薄焼き卵(P.19)…1枚
● カレー粉…小さじ⅙
● 大根のお花(P.21)…1枚
● ぶぶあられ…1粒

作り方
1 ご飯にカレー粉を混ぜておく。

2 薄焼き卵を作る。

3 2をラップの上にのせ、その上に1をのせて、しずくの形に巻く。ラップをはずし、おべんとう箱の高さに合わせて5等分に切る。

ご飯を薄焼き卵の手前から中心あたりまでのせて、その上に奥の薄焼き卵を被せます。手前のご飯の量を少なめにすると、しずくの形が作りやすいです。

4 3を花の形に並べる。真ん中に大根の花をのせる。花の中心にぶぶあられをのせる。

ポークビッツの肉巻き

材料（作りやすい分量）
● 豚薄切り肉…1枚
● ポークビッツ…5本
● さやいんげん…1本
● のり…適量
● 塩…少々
● 焼肉のタレ…適量
● サラダ油…少々
● 薄力粉…少々

作り方
1 のりの上にポークビッツといんげんをのせる。いんげんをポークビッツ5本で囲むようにまとめながら巻いていく。

のりの幅はポークビッツの長さに合わせて切ります。のりの長さは、多少長めでもOKです。

2 豚肉を広げ、塩をふる。1を上にのせて巻き、薄力粉をふる。熱したフライパンに油を引き、巻き終わりを下にして入れ、転がしながら全面を焼く。

3 火が通ったら焼肉のタレをからめ、食べやすい大きさに切る。

うさぎのかまぼこ

材料（1個分）
● かまぼこ(薄切り)…1枚
● のり…適量　● ぶぶあられ…適量
● 黒ごま…適量

作り方
1 かまぼこをうさぎの型で抜く。

2 のりで鼻を作ってのせる。黒ごまで目、ぶぶあられでほっぺをつける。

目や鼻といった顔のパーツを、なるべく顔の中心部分にぎゅっと寄せてのせると、かわいくバランスよく仕上がります。

キャベツとコーン、ハムのコールスロー

材料（作りやすい分量）
● キャベツ(せん切り)…100g
● スライスハム(細切り)…1枚分
● コーン(冷凍または缶詰)…少々
● 塩…少々　● マヨネーズ…少々

作り方
1 キャベツに塩をふって10分ほど置き、水気をきる。

2 ボウルに1と、コーン、ハム、マヨネーズを入れて混ぜる。

のり巻き
ロードべんとう

のり巻きを使えば道路が完成!
大好きな具材を入れてみて。
かわいいピックを使えば簡単にデコおべんとうに。

のり巻きロード

材料（子ども1人分）
- ご飯…100g
- 削り節…適量
- しょうゆ…適量
- のり…½枚
- スライスチーズ…⅓枚

作り方

1 削り節にしょうゆを混ぜる。

2 のり巻きメーカーにご飯を薄く入れ、上に1をのせる。上からご飯をのせて、フタでぎゅっと押す。

のり巻きメーカーは、少し水で濡らしておくと、ご飯がくっつきにくくなります。

3 ラップの上にのりを置き、2をのせて巻いて、ラップで包んでなじませる。ラップをはずし、おべんとう箱の横幅に合わせて端を切る。

4 3をおべんとう箱に詰め、長方形に切ったチーズを等間隔でつけて、道路の白線にする。車のピックを刺す。

いんげんと
にんじんの肉巻き

材料（作りやすい分量）
- 豚薄切り肉…1枚
- さやいんげん…1本
- にんじん…約5cm
- 片栗粉…適量
- サラダ油…適量
- 焼肉のタレ…適量

作り方

1 いんげんをゆでて半分に切る。にんじんは拍子木切りにしたものを2本ゆでる。

2 豚肉を広げ、上に1を置いて巻き、片栗粉をふる。

にんじん、いんげんが対角になるように置くと、断面がおしゃれになります。

3 熱したフライパンに油を引き、巻き終わりを下にして入れ、転がしながら全面を5分焼く。火が通ったら、焼肉のタレを加えてからめる。おべんとう箱の高さに合わせて切る。

さつまいもの甘煮

材料（作りやすい分量）
- さつまいも…1本
- 水…200ml ● 砂糖…大さじ2
- しょうゆ…大さじ½

作り方

1 さつまいもを洗って、端を切り落とす。皮に等間隔に1周浅く切り込みを入れる。1つとばしで皮を包丁でそぎ取り、しま模様を作る。約1cm幅の輪切りにし、水（分量外）にさらしてアクを抜く。

2 鍋に1と水、砂糖、しょうゆを入れて柔らかくなるまで煮る。

ブロッコリーの木

材料（1個分）
- ブロッコリー…1房 ● 塩…少々
- ぶぶあられ…適量
- マヨネーズ…適量

作り方

ブロッコリーを塩ゆでする。木のピックをブロッコリーの茎の側面に刺す。楊枝でマヨネーズを点々とつけ、そこにぶぶあられをのせる。

ブロッコリーの茎は短めに切り、茎にピックを刺します。ピックを使わない場合は、ちくわでも代用できます。

かわいいデコ POINT

のり巻きを作りやすくするコツ

のり巻きに入れる具はなんでもOKです。子どもが好きな具を入れると好んで食べてくれることも…！ のり巻きメーカーでのり巻きを作るときは、ご飯の量が多いほうが作りやすいので、人さめのサイズで作っておき、子どもが食べる分量に合わせて切って詰めるのがおすすめです。

「栗ご飯べんとう」

食欲の秋にぴったりのおべんとうです。
ミニチュアみたいなミニさつまいもは、
作り方がわかれば簡単&甘くておいしい！
黒ごまの位置でおにぎりの表情を楽しんで。

栗おにぎり

材料（子ども1人分）
- ●ご飯…100g
- ●めんつゆ（3倍濃縮）…適量
- ●白ごま…大さじ1
- ●黒ごま…4粒
- ●のり…適量
- ●ぶぶあられ…2粒
- ●かに風味かまぼこ…適量

作り方
1 ご飯にめんつゆを混ぜて色をつける。ご飯を2等分し、それぞれラップで包んで栗の形に握る。

2 白ごまを皿に出して、**1**の底につける。

おにぎりを持って、底にまんべんなくごまをつけます。足りない部分はごまをつまんで、直接おにぎりにつけてもOKです。

3 **2**に黒ごまの目、ぶぶあられの鼻をのせ、のりの口、まゆげをつける。丸型で抜いたかにかまのほっぺをつける。

ミニさつまいも

材料（作りやすい分量）
- ●さつまいも…1本(200g)
- ●砂糖…小さじ2
- ●無塩バター…10g
- ●牛乳…大さじ3〜
- ●紫いもパウダー…適量
- ●黒ごま…適量

作り方
1 さつまいもは皮をむき、一口大に切って水にさらしてアクを抜く。耐熱容器にさつまいもを入れて、水をかけてふんわりとラップをかけて、電子レンジで5〜7分ほど加熱する。温かいうちに潰し、砂糖、無塩バター、牛乳を加えて混ぜる。食べやすい大きさのさつまいもの形を作る。

潰したさつまいもは柔らかいほうが形を作りやすいです。さつまいものかたさに応じて牛乳の量を調節してください。

2 ポリ袋に**1**と紫いもパウダーを入れて、まんべんなくパウダーをつける。

3 **2**に黒ごまを埋め込むようにバランスよくつける。

黒ごまの代わりに、水で溶いた竹炭パウダーを爪楊枝でちょんとつけてもOK。ココアパウダーも代用できます。

卵焼きイチョウ

材料（作りやすい分量）
- ●ツヤツヤ薄焼き卵（P.43）…適量

作り方
ツヤツヤ薄焼き卵を作り、丸型で抜く。ハサミでイチョウの葉の形に切る。

上部は円周を利用して中央をV字に切り、下部は両サイドをくの字のような形に切り取ります。

餃子の皮のキッシュ

材料（6個分）
- ●餃子の皮…6枚　●溶き卵…1個分
- A「●牛乳…大さじ1
- 　●粉チーズ…大さじ1　●塩…適量
- ●ミニトマト…2½個
- ●好みの具（ベーコン、ほうれん草、コーンなど）…適量

作り方
1 アルミカップに餃子の皮を1枚ずつ敷く。好みの具を入れる。

MEMO▶餃子の皮でひだを作って、花びらのようにととのえると、かわいく仕上がります。

2 **A**と溶き卵を混ぜ、**1**にスプーンで流し入れる。ミニトマトを¼に切って上にのせる。トースターで火が通るまで5〜8分ほど焼く。

そぼろのデコべんとう

2種類のそぼろを敷き詰めて市松模様に。
ご飯の間にほうれん草のソテーを入れて、
野菜が苦手な子どもでも食べやすいようアレンジ！

そぼろのデコご飯

●ご飯（子ども1人分）…100g

【肉そぼろ】

材料（作りやすい分量）
- あいびき肉…100g
- 砂糖…大さじ½
- みりん…大さじ1
- しょうゆ…大さじ1
- サラダ油…小さじ1

作り方
1. 熱したフライパンに油を引き、ひき肉を中火で5分ほど炒める。火が通ったら砂糖、みりん、しょうゆを加えて炒め合わせる。

【卵そぼろ】

材料（作りやすい分量）
- 卵…1個
- 砂糖…大さじ½
- 塩…少々
- サラダ油…小さじ1

作り方
1. ボウルに卵、砂糖、塩を入れ、混ぜ合わせる。
2. 熱したフライパンに油を引き、1を流し入れる。3〜4本の菜箸で素早くかき混ぜ、そぼろ状にする。

【ほうれん草のソテー】

材料（作りやすい分量）
- ほうれん草（ざく切り）…¼束分
- バター…10g　●塩…少々
- しょうゆ…小さじ½

作り方
1. 熱したフライパンにバターを入れ、ほうれん草を炒める。火が通ったら、しょうゆを加え、塩で味をととのえる。
2. おべんとう箱の半分の高さまでご飯を詰め、1をのせて、残りのご飯を詰める。上に卵そぼろ、肉そぼろを市松模様になるようにのせる。

ウインナチューリップ

材料（作りやすい分量）
- ウインナソーセージ(赤いもの)…適量
- レタス…適量

作り方

1 ソーセージを半分に切り、さらに縦半分に切る。チューリップの形になるよう、ギザギザに切り込みを入れる。

切り込みは⅓程度まで入れるとチューリップらしい見た目になります。

2 1をフライパンでさっと焼く。

3 レタスを葉っぱと茎の形に切って、2とともに卵そぼろご飯の上にのせる。

ウインナいちご

材料（作りやすい分量）
- ウインナソーセージ(赤いもの)…1本
- きゅうり(皮)…適量
- 白ごま…適量
- マヨネーズ…少々

作り方

1 ソーセージを斜め切りにし、フライパンでさっと焼く。

写真のようないちごの形は、ソーセージを斜めに切るのがコツ。

2 きゅうりでいちごのヘタ部分を作って1にのせる。マヨネーズを楊枝などの先につけ、いちごの種の位置につけて、白ごまをのせる。

3 2を卵そぼろご飯の上にのせる。

かまぼこの
マーガレット

材料（作りやすい分量）
- かまぼこ(薄切り)…1枚
- チェダーチーズ…少々
- 水菜…適量

作り方

1 かまぼこをマーガレットの型で抜く。チーズをストロー(丸型でもOK)で抜き、かまぼこの上にのせる。

かまぼこの白い部分を使うと、マーガレットらしい見た目になりますが、あえて、ピンク部分を使ってもかわいく仕上がります。

2 1と葉っぱ、茎の形に見立てた水菜を鶏そぼろのご飯の上にのせる。

野菜のちょうちょ

材料（作りやすい分量）
- にんじん(薄い輪切り)…適量
- 大根(薄い輪切り)…適量

作り方

1 にんじんと大根をゆでて、ちょうちょの型で抜く。

2 鶏そぼろご飯の上にのせる。

かわいいデコ POINT

アルミホイルを使うと
キレイに模様が作れる!

卵そぼろと鶏そぼろをキレイな市松模様にしたいときは、アルミホイルが便利です。そぼろをのせないところに、アルミホイルを敷き、それ以外の部分にスプーンで少しずつそぼろを入れていくと混ざらずに済み、おすすめです。

入れるだけでパッと華やかになる

おべんとうを
色鮮やかにするおかず

デコべんとうは、彩りがキレイなことも魅力的。
黄色やオレンジ、ピンクのおかずを入れると、それだけで
かわいさがアップし、子どもが喜ぶおべんとうになります。

ピンクのおかず

オレンジのおかず

黄のおかず

魚肉ソーセージの
あじさい

材料（2個分）
- 魚肉ソーセージ…約5cm
- 焼きパスタ(P.17)…少々

作り方

1 土台となる魚肉ソーセージを好みの厚さに切る。花用の魚肉ソーセージは薄めに4枚ほど切り、小さめの花の型で抜く。

2 1の土台が隠れるくらいに花を置き、中心に焼きパスタを刺す。

土台からはみ出すくらい花を置きます。パスタを刺すことで花の中央の部分を表現しつつ、固定できます。

※焼きパスタは、問題なく食べられることを確認してから、おべんとうに入れるようにしてください。

無限にんじん

材料（作りやすい分量）
- にんじん…1本
- ツナ缶…1缶
- ごま油…小さじ1
- 鶏がらスープの素(顆粒)
  …小さじ1
- 白ごま…適量

作り方

1 にんじんは皮をむき、せん切りにする。

2 ツナ缶の油をきる。

3 耐熱容器に1と2、ごま油、鶏がらスープの素を入れて混ぜる。ふんわりとラップをかけて電子レンジで2分30秒ほど加熱する。

4 3に白ごまをかける。

卵とトマトの
中華炒め

材料（作りやすい分量）
- 卵…1個
- ミニトマト…3個
- 鶏がらスープの素(顆粒)
  …小さじ1/3
- 塩…少々
- ごま油…適量

作り方

1 ボウルに卵を溶きほぐし、鶏がらスープの素、塩を加えて混ぜる。

2 ミニトマトを1/4に切る。

3 熱したフライパンにごま油を引いて1を炒め、半熟状態で取り出す。

4 同じフライパンにごま油を少々足し、2を軽く炒める。3を戻し入れて、卵にしっかり火が通るまで炒める。

Part
02

かわいい
デコおかず
バリエーション

おべんとうに入れたい
かわいいデコおかず&おにぎりなどを
紹介します。主菜となるものだけでなく、
おべんとうのすきまに入れられる
ミニデコアイデアまで豊富に掲載。
デコおかずが一品入るだけでも、
目を引くおべんとうになりますよ。

おにぎりの上にのせるものをアレンジ！

簡単！まるおにぎりバリェ

まるおにぎりは上にのせるものを変えるだけで
無限のアレンジが楽しめます。
卵やチーズ、のりを使ってさまざまな形にチャレンジしてみて！

錦糸卵のまるおにぎり

チーズの焼き
まるおにぎり

トマトチューリップの
まるおにぎり

ニッコリまるおにぎり

卵とサクランボの
まるおにぎり

錦糸卵の
まるおにぎり

材料（子ども1人分）
- ご飯…80〜100g
- のり…適量
- 塩…適量

【錦糸卵】
- 卵…1個
- 砂糖…小さじ½
- 塩…適量
- サラダ油…適量

作り方

1 錦糸卵のすべての材料を混ぜる。熱したフライパンに薄く油を引き、薄焼き卵を作る。細切りにし、錦糸卵を作る。

2 ご飯をラップで包んで丸いおにぎりにして、塩をふる。

3 別のラップの上に錦糸玉子を広げ、2をのせて包み、形を丸くととのえる。

錦糸卵は少し広めに円形に広げましょう。ラップでぎゅっと押さえつけるようにくるむと、キレイに仕上がります。

4 のりを3mm幅に切り、3の上に放射線状に巻く。

チーズの焼き
まるおにぎり

材料（子ども1人分）
- ご飯…80〜100g
- 削り節…適量　　しょうゆ…少々
- チェダーチーズ…¼枚
- スライスチーズ…適量

作り方

1 ご飯に削り節、しょうゆを混ぜて丸いおにぎりを作り、トースターで2分ほど焼く。

2 1があたたかいうちにチェダーチーズをのせる。

3 2が冷めたら、ちょうちょの型で抜いたスライスチーズをのせる。

あたたかいご飯やチーズの上にちょうちょをのせると溶けてしまいかわいさ半減。冷めてからのせます。

ニッコリまるおにぎり

材料（子ども1人分）
- ご飯…80〜100g
- 好みの具…適量　　塩…適量
- のり…適量　　ぶぶあられ…2粒

作り方

1 ご飯をラップで包んで、好みの具を入れ、丸いおにぎりにして塩をふる。

2 のりを髪型の形（型紙P.111）に切り、1の上にのせる。再度ラップで包んで、のりをなじませる。

髪型ののりは、まるおにぎりよりも少し大きめに切って、ラップでなじませます。

3 のりを目、鼻、まゆげ、まつげの形に切り、2の上にのせる。ほっぺにぶぶあられをのせる。

トマトチューリップの
まるおにぎり

材料（子ども1人分）
- ご飯…80〜100g　　好みの具…適量
- ミニトマト…1個
- きゅうり（皮）…適量　　塩…適量

作り方

1 ご飯をラップで包んで、好みの具を入れ、丸いおにぎりにして塩をふる。

2 ミニトマトを半分に切る。ギザギザの形に切り込みを入れ、チューリップの形を作り、1の上にのせる。

3 きゅうりを葉の型で抜き、茎部分は細く切って、ご飯の上にのせる。

ミニトマトが食べにくい子どもは、½ではなく、薄切りしたミニトマトで作ってあげましょう。

卵とサクランボの
まるおにぎり

材料（子ども1人分）
- ケチャップライス（P.30）…80〜100g
- 薄焼き卵（P.30）…1枚
- きゅうり（皮）…適量
- ケチャップ…適量

作り方

1 ケチャップライスを作る。ラップに包んで、丸いおにぎりにする。

2 少し厚めに焼き、花の型で抜いた薄焼き卵を1にのせる。

3 きゅうりを菜の型で抜く。茎部分もきゅうりで作り、2にのせたら、ケチャップでさくらんぼを描く。

ケチャップで模様を描くときは、ミニパックの角を少し切って使うと便利！

かわいい表情で子どもが喜ぶ
簡単! どうぶつおにぎりバリエ

ペンギンおにぎり

材料（子ども1人分）
- ご飯…80〜100g
- スライスハム…適量
- スライスチーズ…適量
- のり（約15cm×12cm）… 1枚
- コーン（冷凍または缶詰）… 1粒

作り方

1 ご飯をラップで包み、俵形に握って塩をふる。

2 のりの中央をアーチ型に切り取る。残ったのりでおにぎりを包み、ご飯の部分がお腹になるようにする。ラップに包んでのりをなじませる。

のりの外側に切り込みを入れると、おにぎりの丸い部分も包みやすくなります。

3 2で切り取ったのりを三角に切って手を作り、2につける。

4 口になる部分に少し穴をあけ、コーンを差し込む。丸型で抜いたチーズ、ハムで目とほっぺをつける。のりで黒目を作ってチーズにのせる。

リーゼントひよこ

材料（1人分）
- ご飯…80〜100g
- ウインナソーセージ（赤いもの）… 1本
- 好みの具…適量
- 塩…適量
- のり（約5cm×11cm）… 1枚
- パスタ…少々

作り方

1 ソーセージに切れ目を入れて、フライパンで焼く。

切れ目は均等間隔で細かく入れていくのがコツ。あとで曲げやすくなります。

2 ご飯をラップで包み、好みの具を入れて三角に握ったら、塩をふる。

3 2の三角の底辺を包むようにのりを巻く。のりで目、鼻を作ってつける。1を切れ目部分を上にして上にのせ、パスタでソーセージをとめる。

のりはおにぎりの下半分が包めるぐらいの長さにしておき、その高さに合わせて顔のパーツをつけるとかわいくできます。

白ねこおにぎり

材料（子ども1人分）
- ご飯…80〜100g
- しょうゆ…適量
- のり…適量
- ケチャップ…適量

作り方

1 ご飯をラップで包み、ねこの形を作る。しょうゆをはけで片耳のみ塗って色をつける。

丸く握ったあと、指で2カ所つまんで三角形の耳を作ります。

2 のりで目、鼻、口、ひげを作って1にのせる。ケチャップをほっぺにつける。

おべんとうの主役に!
おにぎり
アイデア **3**

大きくあけた口に好みの具をプラス!
くいしんぼうおにぎり

のりおにぎり

材料（子ども1人分）
- ご飯…80〜100g
- ウインナソーセージ
  …1本
- レタス…適量
- スライスチーズ
  …適量
- のり（約15cm×15cm）
  …1枚
- ぶぶあられ…1粒

作り方

1 ご飯をラップで包み、丸く握って塩をふり、周りに切り込みを入れたのりで包む。ラップで包んでしばらく置き、のりをなじませる。

ハサミで切り込みをランダムに入れる程度でOKです。

2 1の中心に切れ目を入れる。切れ目の中にレタス、焼いたソーセージを挟む。

3 チーズとのりで目を作り、2にのせる。ぶぶあられの鼻をつける。

チェダーチーズのおにぎり

材料（子ども1人分）
- ご飯…80〜100g
- チェダーチーズ
  …1枚
- ツナ缶…大さじ½
- レタス…適量
- パスタ(花型・
  ゆでたもの)…5g
- ケチャップ…小さじ1
- スライスチーズ
  …適量
- のり…適量
- ぶぶあられ…1粒

作り方

1 ご飯をラップで包み、丸く握る。チェダーチーズをのせて電子レンジで10秒ほど加熱する。ラップに包み、冷蔵庫で冷やす。中心に切り込みを入れる。

2 ゆでた花型パスタをツナ、ケチャップと一緒に熱したフライパンで炒める。レタスと一緒に1の切れ目に挟む。

3 チーズとのりで目を作り、2にのせる。ぶぶあられの鼻をつける。

チェダーチーズのおにぎり

のりおにぎり

メロンアイスふういなり

チョコレートアイスふういなり

オレンジアイスふういなり

色つきご飯でにぎやかに！

アイスクリームいなり

オレンジアイスふういなり

材料（子ども1人分）
- ご飯…80g
- デコふり（オレンジ）…適量
- ぶぶあられ（白）…適量

作り方
1 ご飯にオレンジ色のデコふりを混ぜる。ラップで包んで、しずくの形に握る。

ご飯とデコふりをしっかり混ぜるのがポイント。ムラなく色がつくとキレイな見た目になります。

2 1に白のぶぶあられをのせる。

コーンふういなり

材料（3個分）
- いなり揚げ（市販）…2枚

メロンアイスふういなり

材料（子ども1人分）
- ご飯…80g
- デコふり（緑）…適量
- ぶぶあられ…適量

作り方
1 ご飯に緑色のデコふりを混ぜる。ラップで包んで、しずくの形に握る。

2 1にぶぶあられをのせる。

メロンふうのご飯にのせるぶぶあられは、いろいろな色を使ってポップに仕上げましょう。

作り方
いなり揚げを半分に切り、アイスのコーンに見立ててご飯に巻く。

ご飯は下を細めに形作り、いなりの上にのせて端からくるっと巻いていきます。

チョコレートアイスふういなり

材料（子ども1人分）
- ご飯…80g
- 削り節…適量
- しょうゆ…適量
- 黒ごま…適量

作り方
1 ご飯に削り節、しょうゆを混ぜる。ラップで包んで、しずくの形に握る。

削り節としょうゆを入れすぎると、味が濃くなりすぎるので要注意！ 薄く色がつく程度でOKです。

2 1に黒ごまをのせる。

おべんとうの主役に!
おにぎり
アイデア **5**

かわいいピンク色を活かして!

桜でんぶおにぎり

いちごモチーフおにぎり

材料（子ども1人分）
- ●ご飯…80〜100g
- ●桜でんぶ…適量
- ●きゅうり…適量
- ●ぶぶあられ(白)
  …適量

作り方

1 ご飯に桜でんぶを混ぜる。ラップで包んでいちごの形に握る。

いちごの形をイメージしながら、下側が細くなるように形作ります。

2 きゅうりを星の型で抜いて、いちごのヘタをつける。

3 2に白のぶぶあられをつける。

ハート型のり巻き

材料（子ども1人分）
- ●ご飯…80〜100g
- ●桜でんぶ…適量
- ●のり…適量
- ●餃子の皮の花(P.37)
  …適量
- ●ぶぶあられ…1粒

作り方

1 ご飯に桜でんぶを混ぜる。ラップで包んでハート型に握る。周囲をのりで巻く。

のりの幅は、おにぎりの高さに切って。長さはハートの周囲に合わせましょう。のりがご飯になじむように、少しぎゅっときつめに巻いていきます。

2 餃子の皮の花を1にのせる。花の真ん中にぶぶあられをのせる。

いちごモチーフおにぎり

ハート型のり巻き

おべんとうのレパートリーが手軽に増やせる!

ロールサンドアレンジ

58ページでも紹介したロールサンドは、
食べやすい・見た目がかわいい・お手軽の三拍子そろっています。
ポテサラ、ジャム、ハムなど、好きな材料を巻いて楽しんで!

ポテトサラダロール

魚肉ソーセージの花型ロール

ハムチーズロール

ジャムロール

かぼちゃサラダロール

ハムチーズロール

材料（3個分）
- サンドイッチ用食パン… 1枚
- スライスハム… 1枚
- チェダーチーズ… 1枚
- スライスチーズ… 1枚

作り方
1 ラップを広げ、その上にハムと2種類のチーズをのせて巻く。

2 食パンの上に1をのせて巻く。ラップで包んで、しばらく置いてなじませる。3等分に切る。

ハムとチーズを先に巻いてから、パンを巻くほうがやりやすいです。また、切ったときに中心がキレイな断面になります。

かぼちゃ サラダロール

材料（3個分）
- サンドイッチ用食パン… 1枚
- かぼちゃ…100g
- 牛乳…大さじ1
- 水…大さじ1
- 砂糖…小さじ1

作り方
1 かぼちゃを一口大に切る。耐熱容器にかぼちゃと水を入れ、ふんわりとラップをかけて、電子レンジで3分ほど加熱する(かたい場合は再度加熱する)。

2 1が柔らかいうちにフォークで潰し、牛乳、砂糖を入れて混ぜる。

3 食パンの上に2をのせて巻く。ラップで包んで、しばらく置いてなじませる。3等分に切る。

かぼちゃサラダロールは、ポテトサラダロールと同様、塗り広げるよりもサンドイッチ用パンで一周できる程度の量をまとめてのせたほうがキレイにできます。

魚肉ソーセージの 花型ロール

材料（3個分）
- サンドイッチ用食パン… 1枚
- 魚肉ソーセージ… 1本
- バター…少々

作り方
1 魚肉ソーセージをざっくり3つに切り、花の型で抜く。

魚肉ソーセージは、ざっくり3つに切ってから花の型で抜きます。クッキー用の型など高さがある型抜きを使うとやりやすいです。

2 食パンに薄くバターを塗り、その上に1をのせて巻く。ラップで包んで、しばらく置いてなじませる。3等分に切る。

ジャムロール

材料（3個分）
- サンドイッチ用食パン… 1枚
- いちごジャム…適量

作り方
食パンにいちごジャムを塗って巻く。ラップで包んで、しばらく置いてなじませる。3等分に切る。

ジャムは好みのジャムを使ってOKです。塗るときは、パンの奥側を2cmぐらいあけておくと、巻く際にジャムが端っこから出てくるのを防げます。

ポテトサラダ ロール

材料（3個分）
- サンドイッチ用食パン… 1枚
- じゃがいも…½個
- 塩…少々
- マヨネーズ…適量
- バター…少々

作り方
1 じゃがいもをふんわりとラップで包み、電子レンジで2分ほど加熱する(かたいときは少しずつ時間を足して加熱する)。

2 じゃがいもをフォークで潰し、塩、マヨネーズを入れて混ぜる。

3 食パンに薄くバターを塗り、その上に2をのせて巻く。ラップで包んで、しばらく置いてなじませる。3等分に切る。

ポテトサラダに限らず、ロールサンドを作るときは、パンで中身の具材を一周キレイに巻けるぐらいの分量をのせます。

かわいいデコ POINT

デコをトッピング してみよう！

ロールサンドの上に型で抜いたかにかまや、はんぺんの手紙などをのせてもかわいくなります！ ほかのページで紹介したアイデアと組み合わせてアレンジを楽しんでみてください。

子どもと一緒に作っても楽しい！

型抜きサンドイッチ

野菜のお魚サンド

材料（1個分）
- サンドイッチ用食パン… 2枚
- ミニトマト、スライスハム、
  きゅうり…適量
- スライスチーズ…適量
- のり…適量
- マヨネーズ…適量

フルーツの
お魚サンド

材料（1個分）
- サンドイッチ用食パン… 2枚
- クリームチーズ…大さじ1
- はちみつ…小さじ1
- 好みのフルーツ…適量

花型サンド

材料（1個分）
- サンドイッチ用食パン… 2枚
- スライスハム…適量
- スライスチーズ…適量
- マヨネーズ…適量

大小の星サンド

材料（1個分）
- サンドイッチ用食パン… 2枚
- マーマレードジャム、
  いちごジャム…各適量

イチョウサンド

材料（1個分）
- サンドイッチ用食パン… 2枚
- レタス…適量
- チェダーチーズ…適量
- マヨネーズ…適量

紅葉サンド

材料（1個分）
- サンドイッチ用食パン… 2枚
- マヨネーズ…適量
- かに風味かまぼこ…適量

作り方

1 食パンを2枚重ねて好みの大きさ、形にカットする。上になるほうのパンを好きな型で抜く。

2 型抜きした部分から彩りよく見えるよう、土台となるパンに具やジャムなどを配置する。ミニトマト、マスカットといった丸い具材は¼に切る。野菜やハム、かにかまを挟む場合は土台となるパンにマヨネーズを塗る。

3 2に上の型抜きしたパンを重ねる。

4 お魚サンドは、丸型で抜いたチーズを目に、小さい丸型で抜いたのりを黒目にしてのせる。

途中で上に置くパンを重ねてみて、見え方を確認しながら、具の大きさや配置を調整します。1つの穴からいろいろな食材・色が見えてもかわいいです。

かわいいデコ POINT

季節に合わせた型で！

春なら桜の型、秋ならイチョウや紅葉の型、冬はサンタクロースの型など好きな型でアレンジを楽しめます。間に挟む具材はなんでもOK。アレンジの幅が広がるお手軽サンドイッチです。また、型で抜き取った部分は、フライパンで（トースターも可）弱火〜中火でカリカリになるまで水分をとばせば、クルトンになります。スープやサラダなどに活用してください。

フルーツのお魚サンド

野菜のお魚サンド

花型サンド

イチョウサンド

紅葉サンド

大小の星サンド

かわいい＆満腹感アップのおかず
肉＆野菜の主菜バリエ

ハンバーグ
パイナップル

材料（1個分）
- 豚ひき肉…50g
- 玉ねぎ…¼個
- パン粉…大さじ1
- 塩…少々
- 溶き卵…大さじ1
- 牛乳…大さじ1
- サラダ油…適量
- チェダーチーズ…2枚
- きゅうり(皮)…適量

作り方

1 玉ねぎをみじん切りにし、電子レンジで2分ほど加熱する。

2 ボウルひき肉と塩を入れ、粘りが出るまで混ぜる。1、パン粉、溶き卵、牛乳を加え、さらに混ぜる。

3 2を楕円形に丸め、真ん中をくぼませる。熱したフライパンに油を引き、火が通るまで焼く。

4 チェダーチーズを細く切って、編み込む。冷ました3の上にのせたてラップで包み、形をととのえる。

細く切ったチーズを縦横1本ずつ追加しながら編み込み、写真のような形になればOKです。

5 きゅうりを紅葉の形で抜き、4の上にのせる。

犬のかぼちゃコロッケ

材料（12個分）
- かぼちゃ…¼個(400g)
- しょうゆ…小さじ½
- バター…10g
- 砂糖…小さじ2
- 水…大さじ2
- 小麦粉…大さじ2
- 揚げ油…適量
- パン粉…適量
- スライスチーズ…適量
- のり…適量
- ケチャップ…適量

作り方

1 かぼちゃは皮をむき、種とワタを取る。一口大に切って耐熱容器に入れ、水大さじ1(分量外)をかけてラップをし、柔らかくなるまで電子レンジで5～6分加熱する。熱いうちにフォークなどで潰し、砂糖、しょうゆ、バターを入れて混ぜ、12個分の楕円形を作る。

2 小麦粉と水を混ぜてバッター液を作り、1を入れてまんべんなくつける。パン粉をまぶし、170℃の油で2～3分ほど揚げる。

3 のりを耳の形(しずく型)に切る。チーズに重ねたら、のりの少し外側を切り、2にのせる。

のりから少しはみ出す大きさにチーズを切ります。チーズが溶けないよう、コロッケはしっかり冷ましておきます。

4 のりを切って目、口、鼻を作り、3にのせる。ケチャップでほっぺをつける。

餃子の皮の星ピザ

材料（1個分）
- 餃子の皮…1枚
- 好みの具…適量
- ケチャップ…適量
- ピザ用チーズ…適量

作り方

1 餃子の皮のフチに5カ所、等間隔に半径の半分ぐらいの長さまで切り込みを入れる。皮の周囲に水(分量外)をつけて、切り込みを入れたところから内側に折り込む。

皮はハサミで切ります。まず二等辺三角形になるように3ヵ所を切り、次に長い2辺の中心を1ヵ所ずつ切ると、均等になりやすいです。

2 1の中心部分にケチャップを塗り、小さく切った具とチーズをのせる。トースターで餃子の皮がパリッとなるまで3分ほど焼く。

つくねのアイスクリーム

材料（作りやすい分量）
- 鶏ひき肉…200g
- A 長ねぎ（みじん切り）…⅓本分
- 片栗粉…大さじ2
- しょうゆ…大さじ½
- サラダ油…適量
- スライスチーズ、チェダーチーズ…各適量
- ぶぶあられ…適量

作り方

1 ポリ袋にAを入れ、粘りが出るまでよく揉む。小さめの楕円形を作り、アイスの棒を刺す。

アイスの棒は、おべんとう箱のサイズに合わせてカッターなどで切るといいですよ。

2 熱したフライパンに油を引き、**1**を焼く。焼き色がついたら裏返してフタをし、中まで火を通す。

3 チーズを長方形に切る。下のほうを楊枝で波形に切り、アイスが溶けている形を作る。**2**の上にチーズをのせ、電子レンジで数秒加熱する。ぶぶあられをのせる。

つくねはチーズをのせる前に一度冷ますことで、チーズが溶けたような波形をキレイに保てます。そのあと数秒加熱すると、つくねとチーズがくっつきます。

つくねの傘

材料（作りやすい分量）
- 鶏ひき肉…200g
- A 長ねぎ（みじん切り）…⅓本分
- 片栗粉…大さじ2
- しょうゆ…大さじ½
- サラダ油…適量
- チェダーチーズ…適量

作り方

1 「つくねのアイスクリーム」と同様につくねを作って焼き、半分に切る。

2 チーズを切って細長い二等辺三角形を3枚作る。**1**の上に傘の模様になるようにのせ、電子レンジで数秒加熱する。ピックを刺す。

つくねの傘

つくねのアイスクリーム

ウインナや市販のミートボールで簡単にできる！

すきまに入れたい ミニデコおかず

ミニミニ ホットドッグ

材料（1個分）
- ウインナソーセージ… 1本
- スライスチーズ…適量
- レタス…適量
- ケチャップ…適量

作り方

1 ソーセージの中心に縦に切り込みを入れる。

ソーセージは皮なしで短めのものを使うとかわいく、ミニチュア感のある仕上がりになります。

2 1のサイズに合わせて切ったレタス、チーズを挟み、最後にケチャップをつける。

薄焼き卵の たんぽぽ

材料（作りやすい分量）
- ツヤツヤ薄焼き卵(P.43)…適量
- マヨネーズ…適量

作り方

1 ツヤツヤ薄焼き卵を作る。大・中・小と異なる丸型で抜く。フチをハサミで少し切る。

円の12時・6時・3時・9時の位置を4ヵ所切り、その間を2カ所ずつ切っていくと、均等になりやすいです。

2 大・中・小の順に3枚重ね、マヨネーズでくっつける。

ミートボール バーガー

材料（1個分）
- ミートボール(市販品)… 1個
- チェダーチーズ…約1.5cm四方
- レタス…少量
- ミニトマト… 1個
- 白ごま…適量

作り方

1 ミートボールを半分に切る。レタスは小さくちぎり、ミニトマトは3〜5mm程度に薄く切る。

2 ミートボール、レタス、チーズ、ミニトマト、ミートボールの順に重ねる。白ごまを上にかけ、最後にピックでとめる。

レタス、チーズが少しはみ出すくらいがポイント。チーズは正面から見て、ひし形に置きます。

おべんとうのすきまに！ かわいいミニおかず **2**

子どもが思わず笑顔になるミニデコ！

かわいい ミニどうぶつおかず

カニさんウインナ

材料（2個分）
- ウインナソーセージ(赤いもの)…1本
- スライスチーズ…適量
- のり…適量
- 焼きパスタ(P.17)…少々

作り方

1 ソーセージを縦半分に切ったあと、両端を切る。中心の部分は胴体にする。切り落としたものをそれぞれくの字に切ってカニのハサミを作る。

1個のカニにつき2個のハサミが必要です。大きめのハサミにするとかわいらしくなります。

2 焼きパスタでハサミを胴体にくっつける。チーズとのりで作った目を短いパスタでつけ、足は焼きパスタを刺して作る。口の形に切ったのりをのせる。

ソーセージのリス

材料（1個分）
- ひとくちフランク…小1個
- のり…適量
- スライスチーズ…適量
- ぶぶあられ…2粒
- マヨネーズ…適量

作り方

1 フランクフルトを縦⅓のところで切る。

2 切り落とした **1** で耳を作り、**1** に切り込みを入れて差し込む。

切り込みを入れた部分に、三角に切った耳を差し込みます。耳が立つ程度の切り込みを入れましょう。

3 丸型で抜いたチーズにマヨネーズをつけて **2** の鼻部分にのせ、のりで作った目、鼻、口ものせる。

4 ぶぶあられもマヨネーズをつけ、ほっぺの部分につける。

魚肉ソーセージのお魚

材料（1個分）
- 魚肉ソーセージ…約2cm
- 黒ごま…適量
- のり…適量
- ぶぶあられ、かに風味かまぼこ…各適量
- マヨネーズ…適量

作り方

【のりのお魚】

1 魚肉ソーセージを約1cmの厚さに切り、片側をくの字に切って魚の形を作る。

写真では輪切りにしていますが、ソーセージの横の長さを利用して切ると、長いこいのぼりが作れます。

2 **1** に型で抜いたのりで模様をつけ、黒ごまで目をつける。

【カラフルなお魚】

1 「のりのお魚」と同じように魚肉ソーセージを切る。

2 **1** に丸型で抜いたかにかま、ぶぶあられをマヨネーズでつける。のりで作った目をつける。

すきまにぴったりはまってお助け！

うずらのミニデコおかず

うずらのうさぎ

材料（1個分）
● うずらの卵… 1個
● のり…適量
● ケチャップ…適量

作り方

1 ゆで卵を作る。尖っている部分を上にして自立できるよう、卵の下のほうを少し平行に切る。

丸みのある白身の部分を薄く切り取ります。自立するのしお べんとうに入れやすいです。

2 1の切れ端をV字に切って耳を作る。卵のてっぺんに切り込みを入れ、耳を差し込む。

好みの耳の長さになるよう、差し込むときに調節します。

3 のりで作った目、鼻、口を2につけ、ケチャップでほっぺをつける。

うずらのひよこ

材料（1個分）
● うずらの卵… 1個　● 黒ごま… 2粒
● にんじん…適量
● ぶぶあられ… 2粒

作り方

1 ゆで卵を作る。うずらの卵に浅くギザギザの切り込みを入れ、一周する。

黄身に包丁が当たる程度の切り込みでOK。深く入れると黄身部分がぼろぼろになり、このあとの工程で落ちてきてしまうので要注意!

2 上半分の白身を持ち上げ、黄身が見えるようにする。

下半分を持ちつつ、やさしく上の白身だけを持ち上げるのがポイント。黄身ごと離れないようにしましょう。

3 にんじんを切ってくちばしを作る。黒ごま、にんじん、ぶぶあられをそれぞれ目、くちばし、ほっぺの位置にのせる。

ドットタマゴ

材料（1個分）
● うずらの卵… 1個
● ピンクのかまぼこ…適量
● カレー粉…少量(1g)

作り方
【白ドット】

1 ゆで卵を作る。卵の白身部分にストローを刺して、穴をあける。

2 かまぼこのピンク部分をストローで抜いて丸型を作る。

細めのストローを使うと、うずらの卵のサイズに合う丸型を抜くことができます。

3 1の穴があいたところに2を入れる。

抜いたピンクのかまぼこを、うずらの穴に押し込むようにして入れていきます。

【黄色ドット】

1 お湯大さじ3にカレー粉を入れて溶く。ゆで卵を一晩漬ける。

2 「白ドット」と同様にドット柄をつける。

おべんとうのすきまに！
かわいい
ミニおかず **4**

潰して、丸めて、アレンジ自在！

おいものミニデコおかず

マッシュポテトの
トラとうさぎ

材料（作りやすい分量）
- じゃがいも…1個
- カレー粉…少々
- 牛乳…大さじ1
- のり…適量
- バター…5g
- 黒ごま…適量
- 塩…少々
- ぶぶあられ…適量

作り方
【マッシュポテト】
1 じゃがいもをラップで包み、電子レンジで3分ほど加熱する。
2 1をフォークで潰して牛乳、塩、バターを加えて混ぜる。

【トラ】
1 マッシュポテト適量にカレー粉を混ぜる。ラップに包んでトラの顔形にととのえる。

トラの顔は少し楕円形を意識して作っていき、頭のてっぺんをへこませて耳を作ります。

2 のりをトラ模様、鼻の形に切り、1にのせる。黒ごま、ぶぶあられをそれぞれ目、ほっぺの位置にのせる。

【うさぎ】
1 マッシュポテト適量をラップで包んでうさぎの形を作る。
2 のりを鼻の形に切り、1にのせる。黒ごま、ぶぶあられをそれぞれ目、ほっぺの位置にのせる。

かにかまポテト
だるま

材料（1個分）
- かに風味かまぼこ…1本
- マッシュポテト…適量
  （左記「トラとうさぎ」を参照）
- スライスチーズ…適量
- のり…適量
- ぶぶあられ…2粒

作り方
1 マッシュポテトを丸める。
2 1にかにかまの赤い部分をのせて、ラップで包んでだるまを作る。
3 チーズを丸型で抜き、半月にカットする。

1個だけ作りたいなら、チーズの端に丸の型の半円だけをのせて、半月の形を作ってもOK。チーズを無駄なく使うことができます。

4 のりで目、まゆげ、口、だるまの模様を作り、それぞれ貼る。ぶぶあられをほっぺの位置にのせる。

さつまいもの
まつぼっくり

材料（作りやすい分量）
- さつまいも…1本(200g)
- 水…大さじ1
- A バター…10g
- 砂糖…大さじ1
- ココアパウダー…大さじ1
- 牛乳…大さじ1
- チョコフレーク…適量

作り方
1 さつまいもは皮をむき、一口大に切って水（分量外）にさらしてアクを抜く。耐熱容器にさつまいもを入れて水をかけ、ふんわりとラップをかけて、電子レンジで5〜7分ほど加熱する。
2 1が熱いうちにフォークなどで潰し、Aの材料を混ぜる。適量を山型にする。
3 2にフレークを下から1枚ずつ差し込んでいき、全体につける。

中が見えないように差し込みます。下のフレークは大きめ、上に向かうにつれて小さくすると、バランスよくできます。

85

色・味・栄養のバランスをととのえる

野菜がメインの便利おかず

栄養バランスUPには、野菜や魚を使ったおかずが役に立ちます。
ここでは、野菜が苦手な子どもでも食べやすいサブおかずを紹介します。

きんぴらごぼう

材料（作りやすい分量）
- ごぼう … 1本
- にんじん … 1/3本　● 白ごま … 適量
- A
  - 酒 … 大さじ1
  - みりん … 大さじ1
  - 砂糖 … 大さじ2
  - しょうゆ … 大さじ2
- ごま油 … 適量

作り方

1 ごぼうは洗って包丁の背で皮をこそぎ、せん切りにして水にさらしてアクを抜く。にんじんは皮をむき、せん切りにする。

2 熱したフライパンにごま油を引き、水けをきった**1**を炒める。ある程度炒めたら、ひたひたになるぐらいの水を入れ、**A**を加えて煮詰める。白ごまを加えて混ぜる。

れんこんのから揚げ

材料（作りやすい分量）
- れんこん … 約10cm
- めんつゆ（3倍濃縮）… 大さじ2
- 片栗粉 … 適量
- 揚げ油 … 適量

作り方

1 れんこんは長さ5cmの棒状に切り、水に5分ほどさらしアクを抜く。

2 ポリ袋に**1**、めんつゆを入れて揉み込む。15分ほど置いて味をしみ込ませる。

3 れんこんに片栗粉をまぶし、180℃の油で5〜6分揚げる。

きゅうりとツナのマヨネーズ和え

材料（作りやすい分量）
- きゅうり … 1本
- ツナ缶 … 1/2缶
- マヨネーズ … 少々　● 塩 … 少々

作り方

1 きゅうりは薄い輪切りにして、塩をふる。

2 5分ほど置いたら水けをきり、**1**、ツナをマヨネーズで和える。

ピーマンとちくわのマヨカレー炒め

材料（作りやすい分量）
- ピーマン … 2個
- ちくわ … 1本
- マヨネーズ … 小さじ1
- カレー粉 … 少量

作り方

1 ピーマンは縦半分に切り、ヘタと種、ワタを取って細切りにする。ちくわは5mm幅の斜め切りにする。

2 フライパンにマヨネーズを入れて熱し、ピーマンを炒める。ちくわを加えてさっと炒め、カレー粉を入れて炒め合わせる。

イベント
べんとう＆
デコアイデア

誕生日、ハロウィン、クリスマスなど
楽しいイベントがたくさんありますよね。
イベント時には、とっておきの
デコべんとう作りを楽しんでみませんか?
よりいっそう記憶に残る日になること
間違いなしです!

誕生日ケーキ
べんとう

オムライスも切り方をアレンジすればケーキに！
小さな花束も添えるとより特別感がアップします。

ケーキオムライス

材料（作りやすい分量）
- ケチャップライス（P.30）…160g
- ツヤツヤ薄焼き卵（P.43）…1枚
- ケチャップ…適量
- レタス…適量
- 白ごま…適量

作り方

1 ラップの上にツヤツヤ薄焼き卵を広げ、ケチャップライスを棒状にのせて巻く。

卵は一度こしてから薄焼き卵を作ると、キレイな黄色になります。

2 方向を変えながら斜めに4等分する。三角形が4つできる。

巻いたご飯に斜めに包丁を入れて、切ったケーキの形にします。実際におべんとうに入れるのは2〜3個分になります。

3 2の上にケチャップをのせ、白ごま、レタスをのせていちごを描く。

いんげんと
ヤングコーンの肉巻き

材料（作りやすい分量）
- 豚薄切り肉…1枚
- さやいんげん…4〜5本
- ヤングコーン…1本
- 塩…少々　　薄力粉…少々
- 焼肉のタレ…少々
- ぶぶあられ…適量
- スライスチーズ…適量
- サラダ油…適量

作り方

1 豚肉を広げ、塩をふる。

2 1に肉の幅に合わせて切ったいんげんを並べ、その上にヤングコーンを置き、リースの形になるように巻く。薄力粉をふる。

ヤングコーンがいんげんの中央にくるようにのせると、切ったときにちょうどヤングコーンが中心にきます。

3 熱したフライパンに油を引き、肉の巻き終わりを下にして入れ、転がしながら焼く。火が通ったら焼肉のタレを入れてからめる。

4 3を2等分し、断面にぶぶあられ、星の型で抜いたチーズをのせる。

カーネーションの
花束

材料（1個分）
- スライスハム…½枚
- ブロッコリー…1房
- かに風味かまぼこ…適量
- 塩…少々　　マヨネーズ…少々
- パスタ…少々

作り方

1 塩ゆでしたブロッコリーを、マヨネーズを塗ったハムで花束のように巻き、巻き終わりをパスタでとめる。

ブロッコリーをハムの端に置いて、ブロッコリーを転がすように巻いていくと花束らしい見た目になります。

2 花の型で抜いたかにかまを1にのせる。

ブロッコリーにのせるかにかまは3〜4枚がバランスよく仕上がります。のせるところにマヨネーズをつけておくと、取れにくいのでおすすめです。

※乾燥パスタは、問題なく食べられることを確認してから、おべんとうに入れるようにしてください。

にんじんのたらこ炒め

材料（作りやすい分量）
- たらこ…½腹（30g）
- にんじん（せん切り）…½本分
- しょうゆ　小さじ½
- みりん…小さじ½
- ごま油…適量

作り方

1 熱したフライパンにごま油を引き、にんじんを炒める。

2 にんじんがしんなりしてきたら、みりん、しょうゆ、たらこを加えて炒め合わせる。

リボンのボックスサンド

プレゼントボックスサンド

イベントべんとう
誕生日のアイデア | 1

パンをプレゼントに見立てた主食デコ

夢いっぱいボックスサンド

リボンのボックスサンド

材料（1個分）
- 四角いパン（ミルクパン）…1個
- 卵…1個　レタス…適量
- スライスハム…2枚　マヨネーズ…適量
- 塩…少々　パスタ…少々

作り方

1 ゆで卵を作りフォークなどで潰す。マヨネーズ、塩を混ぜて好みのかたさに調整する。

2 パンの中央に下まで貫通しない程度に四角い切り込みを入れて、内側をスプーンで押し潰す。レタスと1を詰める。

3 ハム1枚を細長く3枚切る。そのうちの2枚をパンの上に十字にして巻きつける。

4 もう1枚のハムは、パンよりひとまわり小さい丸型に切る。半分に折って上の端を折り返し、中心をつまむ。3で切った残りのハム1枚を中心に巻いてパスタでとめ、パンの上にのせる。

中央にギャザーができるように折ります。パンの上にのせるとき、パスタを刺すと固定できます。

プレゼントボックスサンド

材料（1個分）
- 四角いパン（ミルクパン）…1個
- マヨネーズ…適量
- レタス…適量

【うずらのサッカーボール】
- うずらの卵…1個
- のり…適量

【かまぼこの野球ボール】
- かまぼこ…約1cm
- かに風味かまぼこ…適量

【ボーダーチーズのプレゼント】
- スライスチーズ…1枚
- チェダーチーズ…1枚
- かに風味かまぼこ…1本

作り方

【うずらのサッカーボール】
ゆで卵を作る。のりを五角形に切って貼る。

【かまぼこの野球ボール】
かまぼこを丸型で抜く。かにかまの赤い部分をはがし、細く裂く。野球ボールの縫い目になるように貼る。

【ボーダーチーズのプレゼント】

1 2種類のチーズを半分に切り、しま模様になるように重ねる。重ねたチーズをさらに半分に切ってもう一度重ねたら、端のガタガタした部分を切り落としつつ、立方体になるように切る。

2 かにかまの赤い部分をはがし、4本に裂く。2本を十字に1に巻き、さらにもう2本をリボンの形にして上につける。

3 「リボンのボックスサンド」の2と同じようにパンの内側を押し潰す。内側にマヨネーズを塗ってレタスを入れる。その上にうずらのサッカーボール、かまぼこの野球ボール、ボーダーチーズのプレゼントを置く。

みんな大好きなケーキをサンドイッチで手軽に作る!

ケーキふうサンドイッチ

ショートケーキふうサンド

材料(1個分)
- サンドイッチ用食パン…2枚
- 好みの具…適量
- チェダーチーズ…1枚
- ウインナソーセージ…約2cm
- ウインナいちご(P.67)…1個
- マヨネーズ…適量
- カルシウム入りなめらかキャンディチーズ…1個

作り方

1 2枚のパンにそれぞれマヨネーズを塗り、好みの具を挟んでケーキの形(型紙P.111)に切る。

2 チェダーチーズをパンの幅に合わせて切り、さらに細切りにしたものを2枚作って、1につける。

3 ソーセージを輪切りにしてさらに半分に切ったものを3つ、上下が交互になるように並べて2につける。ウインナいちごとキャンディチーズを上にのせる。

カップケーキふうサンド

材料(各1個分)
- ウィートナゲッツ…4枚
- クリームチーズ…適量
- チョコレートクリーム、ピーナッツクリーム…適量
- 好みのフルーツ(マスカット、チェリー、いちごなど)…適量
- ぶぶあられ…適量
- 餃子の皮の花(P.37)…適量

作り方

1 パン2枚にクリームチーズを塗り、残りのパンをそれぞれ重ねる。両端を斜めに切り落とす。

2 チョコクリーム、ピーナッツクリームを上部に多めに塗り広げ、楊枝を使ってところどころ下に伸ばし、クリームが垂れた部分を作る。

楊枝を細かく動かし、ランダムに長さを変えて下に伸ばします。

3 好みのフルーツを¼の薄切りにして2にのせて、ぶぶあられ、餃子の皮の花で飾る。

ショートケーキふうサンド

カップケーキふうサンド

「ひな人形のオムライスべんとう」

ひな祭りにぴったりのデコアイテムがたくさん詰まっています。
チーズやかにかまで、ひな人形を作ってみましょう。

ひな人形オムライス

材料（子ども1人分）

- ケチャップライス
  （P.30）…80g
- 卵…2個
- 砂糖…小さじ1
- 水溶き片栗粉
  …小さじ1
- のり…適量
- 黒ごま…適量
- スライスチーズ…1枚
- かに風味かまぼこ
  …適量
- にんじん…適量
- スライスハム…1枚
- レタス…適量
- ぶぶあられ…適量

作り方

1 ケチャップライスを作る。

2 卵1個は卵白と卵黄に分け、卵黄ともう1
個の卵を混ぜて、ツヤツヤ薄焼き卵(P.43)
と同様の手順で卵を焼く。一度火を止めて
薄焼き卵の中央あたりを横並びに丸型で2
つ抜く。

3 2で取り分けた卵白を溶きほぐし、2で型
抜きした穴にスプーンで少しずつ注ぎ入れ
る。フタをして白身がかたまるまで弱火で
加熱する。

白身が溢れるときれいな
丸にならないので、少し
ずつ注ぎ入れましょう。

4 皿にラップを敷き3を裏向きで広げ、1を
のせる。ラップで包み、おべんとう箱に合
わせて形をととのえる。詰めたらラップを
外し、型抜きした白身の部分が顔になるよ
う、のりで目、口、髪を作ってのせる。黒
ごまのまゆげ、ぶぶあられの鼻、ストロー
で抜いたハムのほっぺをつける。

5 お内裏様はレタス、おひな様はチーズとか
にかまを重ねて切って衣装を作る。ゆでた
にんじんを切っておひな様の扇と冠を作る。
チーズとのりを重ねて切ってお内裏様のしゃ
く、冠を作る。それぞれ4にのせる。

おひな様の衣装は、鋭角
三角形にしたかにかまと
チーズを重ねて作ります。
左右対称のものを2つ作
り、着物をイメージして
重ねましょう。

うずらのぼんぼり

材料（1個分）
- うずらの卵…1個
- スモークチーズ…約1cm

作り方

1 ゆで卵を作る。等間隔にぐるりと一周、V字の切り込みを入れる。

卵の黄身が見えるくらいまで切り込みを入れると、よりかわいくなります。

2 チーズの周りに、帯状に切ったのりを巻く。1の尖っているほうを下にして、チーズとピックでつなげる。

カレー風味のほうれん草炒め

材料（作りやすい分量）
- ほうれん草…2株　●ハム…1枚
- しめじ…1/3袋　●バター…少量
- カレー粉…少量

作り方

1 ほうれん草はざく切り、ハムは半分に切った後1cm幅に切る。しめじは石づきを落とす。

2 熱したフライパンにバターを溶かし1を炒める。カレー粉を振り、軽く炒め合わせる。

かにかまのぶぶあられ揚げ

材料（作りやすい分量）
- かに風味かまぼこ…1〜2本
- ぶぶあられ…適量
- 薄力粉…大さじ1
- 水…小さじ2
- 揚げ油…適量

作り方

1 かにかまを2等分に切る。薄力粉と水を混ぜて、少しかための バッター液（衣）を作り、かにかまを入れて全体につける。

2 ぶぶあられを器に出し、1を入れてまんべんなくつける。160℃に熱した油で軽く揚げる。

魚肉ソーセージとハムの桜

材料（1個分）
- 魚肉ソーセージ…約1cm
- ハム…適量
- ぶぶあられ…適量

作り方

魚肉ソーセージを桜の型で抜き、中央にぶぶあられをのせる。ハムを花びらの型で抜く。

ひし餅ふうデコ

材料（1個分）
- きゅうり…適量
- はんぺん…適量
- 魚肉ソーセージ…適量
- パスタ…少々

作り方

1 きゅうり、はんぺん、魚肉ソーセージを大体同じ大きさ、厚さの長方形に切る。

それぞれ厚みを5mm程度にすると、重ねたときにちょうどいい大きさに仕上がります。

2 下からきゅうり、はんぺん、魚肉ソーセージの順に重ねて、中央にパスタを刺してとめる。ひし形に切る。

長方形にした材料を重ねた状態から、角を落とすように切ると、キレイなひし形ができます。

かわいいデコ POINT

おべんとう箱に入れる前に形をととのえて

衣装や飾りを作るときは、お皿やまな板の上で、それぞれのバランスを見ながら材料の大きさを調整していくと上手にできます。

こどもの日 べんとう

ミックスベジタブルを入れた、こいのぼりのいなりは栄養も満点!
餃子の皮を折り紙のように使ってカブトを作ります。

卵とトマトの中華炒め(P.68参照)

オープンいなり寿司

材料（子ども1人分）
- ご飯…80g
- ミックスベジタブル(冷凍)…大さじ1
- 油揚げ…1枚
- めんつゆ(3倍濃縮)
  …50㎖＋水250㎖
- かに風味かまぼこ…適量
- スライスチーズ…適量
- チェダーチーズ…適量
- のり…適量
- サラダ油…適量

作り方
1 油揚げを半分に切って開き、めんつゆで煮て冷ます。

2 熱したフライパンに油を引き、ミックスベジタブルを軽く炒める。

3 ご飯に2を混ぜて、2等分し、それぞれ1に詰める。

4 チェダーチーズ、かにかまを松の型で抜いて、3にうろこに見立ててのせる。丸型で抜いたチーズとのりで目を作ってのせる。

うろこはどんな形の型でもOK。食材(色)を変えるとカラフルで華やかになります。

卵焼きの こいのぼり

材料（2個分）
- 卵焼き(P.15)…1本
- スライスチーズ…適量
- かに風味かまぼこ…適量
- のり…適量
- マヨネーズ…適量

作り方
1 卵焼きを好みの厚さに切る。片側をくの字に切り、しっぽの形にする。

2 チーズとのりで目を作る。好みの型でのりとかにかまを抜き、うろこに見立て、目とともに1にのせる。

丸型で抜いたものを半分に切るだけでも、うろこらしくなります。デコ用のパーツが小さいので、落ちないようにマヨネーズをつけてからのせるといいです。

魚肉ソーセージの 顔とカブト

材料（2個分）
- 魚肉ソーセージ…適量
- ぶぶあられ…2粒
- のり…適量
- かに風味かまぼこ…適量
- 餃子の皮…1枚

作り方
1 魚肉ソーセージを好みの厚さに切る。

2 のりで髪、目、口を作る。鼻はぶぶあられ、ほっぺはかにかまを丸型で抜く。それぞれ1にのせる。

3 餃子の皮でカブトを作ってアルミホイルで挟み、トースターで1〜2分ほど焼く。2にのせる。

【カブトの作り方】
1 餃子の皮を正方形に切る。さらに四等分したものを三角に折る。

2 両端の角を三角の頂点に合わせて折る。

3 上下を入れ換え、ペラペラしている下の角を四角形の頂点に合わせて折る。

4 水を周りにつけ、3の頂点部分を外に向かって斜めに折る。

斜めに折った部分がはがれないように、水を少しだけつけてくっつけます。

5 下の2枚のうち、上の1枚を2回折り上げる。下の1枚をカブトの中に入れ込む。

ハロウィンおばけ
べんとう

おにぎりやちくわでできたかわいいおばけたち。
穴をあけたり顔をつけたりするだけで、
簡単にハロウィンの世界が広がります。

おばけおにぎり

材料（子ども1人分）
● ご飯…100g　● のり…適量
● デコふり（黄色・ピンク）…適量
● にんじん（5mm幅の輪切り）…2枚

作り方
1　にんじんは星の型で抜いてゆでる。

2　ご飯を2等分し、デコふりで着色する。ラップで包み、おばけの形を作る。

3　のりで目と口を作って2につける。1を顔の下あたりにつける。

ちくわクモ

材料（1個分）
● ちくわ…¼本　● 黒豆煮…2粒
● スライスチーズ…適量
● のり…適量

作り方
1　黒豆を半分に切り、ちくわの穴に詰める。上の豆は少し飛び出るようにする。

2　チーズを細いストローで抜いて目を作る。のりを切って黒目、足、くもの糸を作り、黒目を目につける。それぞれ1につける。

のりを直線に切ってちくわにつけたあと、のりがふやけたら楊枝などで少し曲げると、足のリアル感が出ます。

ウインナミイラ

材料（1個分）
● ウインナソーセージ…1本
● 餃子の皮…1〜2枚
● スライスチーズ…適量
● のり…適量

作り方
1　ソーセージをゆでて冷ます。

2　餃子の皮を5mm幅に細長く切る。皮の裏に水（分量外）をつけながら、1に上から下まで巻いていく。トースターで3分ほど、皮がパリッとなるまで焼く。

餃子を皮を斜めに巻くなど、ランダムに巻くとミイラの包帯らしい仕上がりになります。

3　冷めたら、丸型で抜いたチーズとのりで目を作って2につける。

ほうれん草と
じゃこの炒め物

材料（作りやすい分量）
● ほうれん草（ざく切り）…5〜6株分
● ちりめんじゃこ…大さじ½
● しょうゆ…少々
● 塩…少々　● ごま油…適量

作り方
1　鍋に湯を沸かして塩を加え、ほうれん草をさっとゆでる。

2　熱したフライパンにごま油を引いて、弱火でじゃこをカリカリになるまで炒める。1、しょうゆを加えて軽く炒め合わせる。

ちくわおばけ

材料（1個分）
● ちくわ…3cm程度
● のり…適量

作り方
1　ちくわを縦にして、半分に切る。片端をハサミで切ってギザギザにする。目、口は丸型で抜く。

2　ちくわの後ろからのりを貼り、はみ出た部分を切る。

のりはなくても構いませんが、月と口がくっきりわかりやすくなります。

おばけのまるおにぎり

黒ねこのまるおにぎり

モンスターのまるおにぎり

かわいいハロウィンを開催!

ハロウィンまるおにぎりバリエ

おばけの まるおにぎり

材料（子ども1人分）
- ご飯…80〜100 g
- スパム（1cm厚さ）…1枚
- 好みの具…適量　●塩…適量
- スライスチーズ…適量
- のり…適量　●黒ごま…2粒
- ぶぶあられ…2粒

作り方
1 スパムを花の型で抜く。熱したフライパンで少し焼き色がつくぐらいまで焼く。

2 ご飯に好みの具を入れ、ラップで包んで丸く握り、塩をふる。

3 2の上にスパムをのせて、5〜7mm幅の帯状に切ったのりで巻く。

4 チーズをおばけの型で抜き、3にのせる。

のせる前にスパムを冷ましておくと、チーズが溶けずに形をキープできます。

5 のりで口を作り、4にのせる。黒ごま、ぶぶあられを目とほっぺの部分にのせる。

黒ねこの まるおにぎり

材料（子ども1人分）
- ご飯…80〜100 g
- 好みの具…適量　●塩…適量
- スライスチーズ…適量
- のり…適量
- ぶぶあられ…3粒
- 焼きパスタ（P.17）…少々

作り方
1 ご飯に好みの具を入れ、ラップで包んで丸く握り、塩をふる。

2 のりをねこの形（型紙P.111）に切って1にのせる。チーズとのりで目を作り、ねこの顔にのせる。鼻とほっぺにはぶぶあられをのせる。

黒ねこの顔は、まるおにぎりの中心に配置。それに合わせて体としっぽ部分をつけると、おべんとう箱に入れたときに、ちょうど顔が見えてかわいいです。

3 ねこのひげを焼きパスタで作る。2に刺す。

モンスターの まるおにぎり

材料（子ども1人分）
- ご飯…80〜100 g
- きゅうり…½本
- スライスチーズ…適量
- 塩…適量
- のり…適量
- ぶぶあられ…2粒

作り方
1 きゅうりをピーラーでスライスする。塩をふって、しんなりしたらペーパータオルで水けを取る。

2 ご飯をラップに包んで丸く握り、1を巻きつけて形を丸くととのえる。

スライスしたきゅうりを顔の形にそって重ねていきます。多少重なっているぐらいのほうが形をととのえやすいです。

3 のりで髪、傷の形、チーズとのりで目を作る。それぞれ2にのせて、モンスターの顔にする。鼻の部分にはぶぶあられをのせる。

こわかわいい!!
ハロウィン
アイデア | 2

かわいいハロウィンを開催!

おばけパンバリエ

ミートボールおばけ

材料（1個分）
- ロールパン(白)… 1個
- ミートボール(市販品)… 3個
- スライスチーズ…適量
- レタス…適量
- のり…適量
- マヨネーズ…適量

作り方

1 パンの下のほうに、突き抜けない程度に丸く切り込みを入れ、スプーンなどで下に押し込む。切り込みの内側にマヨネーズを塗り、レタスを敷く。

ナイフの先を下に向けて切り込みを入れます。ざっくりした丸でOK。

2 1にミートボールを入れて、丸型で抜いたチーズとのりで作った目をつける。

3 のりで作った目と口をパンの上部につける。

レンチンオムレツおばけ

材料（1個分）
- ロールパン(白)… 1個
- レタス…適量

A
- 卵… 1個
- マヨネーズ…小さじ½
- 牛乳…大さじ1

- のり…適量
- ケチャップ…適量

作り方

1 「ミートボールおばけ」と同じ手順で、パンに切り込みを入れ、レタスを敷く。

2 Aを溶き混ぜる。小さな耐熱ボウルなどにラップを敷いてAを流し、ラップを閉じる。電子レンジで1分30秒ほど加熱する。ラップの上部を絞って丸い形にととのえ、そのまま冷めるまで置く。

底までしっかりと火が通っていればOK。半熟の場合は追加加熱してください。熱くなっているので、手のひらにタオルを広げ、その上にのせてやるといいですよ。

3 1のレタスの上にケチャップを少し絞り、その上に2をのせる。目、鼻、口をのりで作って貼る。ケチャップでほっぺをつける。

4 のりで作った目と口をパンの上部につける。

ミートボールおばけ

レンチンオムレツおばけ

クリスマスべんとう

色違いのかわいいサンタクロースが
プレゼントを持ってきてくれました。
リースやろうそくを添えると
クリスマス感がよりアップします。

いんげんとポークビッツのクリスマスリース

材料（作りやすい分量）

- 豚薄切り肉…1枚
- ポークビッツ…1本
- さやいんげん…8本
- 薄力粉…適量
- 塩…適量
- サラダ油…適量
- 焼肉のタレ…適量
- ぶぶあられ…適量
- 薄焼き卵(P.30)…1枚

作り方

1 豚肉を広げ、塩をふる。肉の上にいんげんを並べポークビッツを芯にして巻く。薄力粉をふる。

2 熱したフライパンに油を引き、巻き終わりを下にして入れ、5分ほど転がしながら焼く。火が通ったら、焼肉のタレを加えてからめる。

3 2を食べやすい大きさに切り、断面にぶぶあられをのせる。星型で抜いた薄焼き卵を飾る。

いんげんの中心部分にぶぶあられをのせ、てっぺんだけ星をのせるとリースらしい見た目になります。市販の星型チップも便利！

かにかまサンタ

材料（子ども1人分）
- ご飯…50g
- かに風味かまぼこ…適量
- スライスチーズ…適量
- のり…適量　塩…適量
- ぶぶあられ…3粒

作り方
1. ご飯をラップで包み、俵形に握って塩をふる。かにかまの赤い部分をはがして、胴体と帽子の形に切り、おにぎりに巻いて赤い服のサンタを作る。

胴体部分はかにかまをご飯に合わせて巻き、帽子部分は上が尖るようにします。最後にかにかまの白い部分を帽子のフチにのせます。

2. チーズをストローで抜き、帽子のポンポンを作って 1 に貼る。

3. のりで作った目、口、ベルトを 1 にのせる。チーズからひげの形を、楊枝で絵を描くように切り抜いてのせる。ぶぶあられを鼻、ほっぺの部分にのせる。

ベルトのバックル部分はチーズで作って貼ると、よりリアルに。ひげは服や顔のほかのパーツをのせたあと、一番最後にのせます。

卵ロールサンタ

材料（子ども1人分）
- ご飯…50g
- 薄焼き卵（P.30）…1枚
- スライスチーズ…適量
- のり…適量　塩…適量
- ぶぶあられ…3粒

作り方
1. 「かにかまサンタ」のかにかまを薄焼き卵に変えるだけ。あとの手順も「かにかまサンタ」と同様。

魚肉ソーセージプレゼント

材料（1個分）
- 魚肉ソーセージ…1本
- かに風味かまぼこ…適量

作り方
1. 魚肉ソーセージをサイコロ型に切る。

2. かにかまを細く裂き、リボンにして 1 に巻きつける。ピックを刺してとめる。

かにかまは細く2本裂き、十字型に巻きつけていきます。長さはサイコロ型に巻けるぐらいに。

ウインナのろうそく

材料（1個分）
- ウインナソーセージ（赤いもの）…1本
- スライスチーズ…適量

作り方
1. ゆでたソーセージを縦半分に切る。片方の先端を切り落とし、もう片方に切り込みを入れ、三角に切り落とし、炎の部分を作る。

ろうそく部分は真っ直ぐになるように切り落とし、炎部分は、45度ぐらいの角度を作るイメージで切り落とします。

2. チーズを楊枝で切り抜き、炎とろうそくの溶けた部分を作る。 1 の上にのせて電子レンジで3秒加熱する。

ろうそくの溶けた部分は、チーズに波線を入れるイメージで抜きます。波線は形を変えながら切り抜いたほうが、よりろうそくらしい見た目になります。

3. ソーセージのカットした部分で炎の芯を作ってのせる。

リースのロールサンド

ヒイラギのロールサンド

サンタのロールサンド

トナカイのロールサンド

簡単なロールサンドをクリスマス仕様に!

クリスマスロールサンド

リース＆ヒイラギの ロールサンド

材料（子ども1人分）
- サンドイッチ用食パン…2枚
- 卵サラダ(P.59)…適量
- ブロッコリー…適量
- ぶぶあられ…適量
- スライスチーズ…適量
- きゅうり(皮)…適量
- かに風味のかまぼこ…適量

卵ロールサンドの作り方
食パンの中央に卵サラダを細長く広げて巻く。3等分に切る。

【リースのロールサンド】
作り方
1 ブロッコリーをほぐして細かくし、卵ロールサンドの断面にリース状に並べる。ブロッコリーの上にぶぶあられをのせる。
2 チーズを星型で抜き、1のリースの上に飾る。

ブロッコリーは、卵サラダの端(パンとの境目のぎりぎりのところ)にのせると、キレイな円形が作れます。

【ヒイラギのロールサンド】
作り方
きゅうりを葉の型で抜く。かにかまを丸型で抜き、ヒイラギの実を作る。それぞれ卵ロールサンドの上にのせる。

まずは葉っぱをのせていき、その下にかにかまを並べてのせると上手にできます。

トナカイ＆ サンタのロールサンド

材料（子ども1人分）
- 魚肉ソーセージロールサンド (P.59)…2本
- かに風味かまぼこ…適量
- スライスチーズ…適量
- 黒ごま…適量
- のり…適量
- ぶぶあられ…適量
- カールマカロニ…少々

【トナカイのロールサンド】
作り方
1 目は黒ごま、鼻と鼻の周りをかにかまとチーズで作ってのせる。ほっぺの部分にぶぶあられをのせる。

最初に、白い部分を置いて、それに合わせてほかのパーツを配置していくとバランスのよい顔に仕上がります。

2 マカロニを1.5cm長さに折り、トースターで焼き色がつくくらいに焼く。角に見立ててパンと魚肉ソーセージの間に差し込む。

【サンタのロールサンド】
作り方
かにかまの赤い分をはがし、三角に切って帽子を作る。かにかまの白い部分を帯状に切って、帽子の下部分にのせる。チーズをストローで抜き、帽子のポンポンを作る。ひげはチーズを楊枝で切り抜いて作り、それぞれソーセージロールにのせる。黒ごまを目に、ぶぶあられを鼻とほっぺの位置にのせる。

※焼きマカロニは、問題なく食べられることを確認してから、おべんとうに入れるようにしてください。

すきまに入れるとクリスマス感がアップ！

クリスマスの定番ミニデコ

きゅうりのツリー

材料（1個分）
- きゅうり…好みの長さ
- かに風味かまぼこ…1本
- ぶぶあられ…適量
- マヨネーズ…適量

作り方

1　きゅうりを好みの長さに切り、さらに縦半分に切る。皮を表にして、ツリーの形に切る。幹の部分は、皮を切り落として細めにする。

難しいときは幹を別で作り、あとからピックやパスタを使って合体させます。

2　かにかまの白い部分を細く裂き、1に斜めにのせる。マヨネーズでぶぶあられをとめる。星のピックをてっぺんに刺す。

ウインナのブーツ

材料（1個分）
- ウインナソーセージ
（赤いもの）…1本
- パスタ…少々
- スライスチーズ…適量

作り方

1　ゆでたソーセージの1/3あたりを斜めに切る。斜めに切ったほうをひっくり返してパスタで合体させる。片端を切る。

ウインナのハート（P.15）と同じ作り方です。1：2くらいの長さで切ると、バランスがよくなります。

2　楊枝でチーズを波線状に切り抜き、1のフチに巻きつける。

サンタの帽子

材料（2個分）
- ウインナソーセージ
（赤いもの）…1本
- ちくわ…適量
- パスタ…少々

作り方

1　ゆでたソーセージを3等分に切る。

2　ちくわの白い部分を5mm幅の輪切りにする。1で切ったソーセージの端のみを穴に通す。

ちくわを少し広げながら通していきます。細長く切ったチーズやかまぼこ（白）を巻いてもOKです。

3　2のてっぺんに丸型で抜いたちくわ（白い部分のみ）をパスタで刺してつける。

ウインナのサンタ

材料（1個分）
- ウインナソーセージ
（赤いもの）…1本
- スライスチーズ…適量
- のり…適量

作り方

1　ソーセージの片端に縦に切り込みを入れて足にする。1分ゆで、冷めたら切り込みのないほうに2本、ぐるりと切り込みを入れ、挟まれた部分の皮をむく。

ソーセージはしっかり冷まし、切り込みは浅く入れます。指でつまむと皮がキレイにむけます。

2　鼻になる位置にストローを刺して後ろまで貫通させ、引き抜く。ストローに残ったソーセージを少し飛び出るように穴に戻す。

3　チーズでひげ、帽子のポンポンとフチ、服のボタン、ベルトのバックルを作る。のりを切って目、ベルトを作り、それぞれ2につける。

※乾燥パスタは、問題なく食べられることを確認してから、おべんとうに入れるようにしてください。

きゅうりのツリー

サンタの帽子

ウインナのブーツ

ウインナのサンタ

運動会べんとう

赤組と白組に分かれたクマさんを
タコさんチアリーダーが応援中。
このおべんとうを食べれば、子どももパワーがみなぎるはず!

から揚げ(P.45参照)

ピーマンとちくわの
マヨカレー炒め(P.86参照)

紅白帽のクマ

材料（子ども1人分）
- ご飯…100g
- 塩…適量
- めんつゆ（3倍濃縮）…少量
- ポークビッツ…1本
- スライスチーズ…適量
- のり…適量
- パスタ…少々
- ケチャップ…適量

【紅白帽子・赤】
- ミニトマト…1個
- パスタ…少々

【紅白帽子・白】
- うずらの卵…1個
- パスタ…少々

【赤白の旗】
- かに風味かまぼこ（約3.5cm×1.5）
  …1本
- 焼きパスタ（P.17）…少々
- マヨネーズ…適量

作り方

1 ご飯を2等分にし、片方はめんつゆを混ぜて色をつける。それぞれのご飯から約4g取って2等分し、ラップで包んでクマの手になる小さな玉を作る。残りのご飯もそれぞれラップで包んで丸く握る。白いおにぎりは塩をふる。

2 1に輪切りにしたポークビッツをパスタでつけて耳にする。丸型で抜いたチーズを顔の下のほうにのせ、のりで作った目、鼻、口をつける。ケチャップではっぺをつける。

3 1で作った手を顔の下に置く。

【紅白帽子・赤】

ミニトマトを横半分に切る。ヘタ側のほうを横に薄くスライスする。半分に切ったトマトをさらに半分に切り、スライスに重ねて帽子の形にする。パスタを下から刺して固定する。クマのおにぎりにのせる。

帽子のツバになるほう（下）を少し前に出すと、帽子らしい形になります。

【紅白帽子・白】

1 ゆで卵を作る。卵を横半分に切り、尖っているほうをさらに縦に切る。

2 尖っているほうに、半分に切った卵を重ね、帽子の形にする。パスタを下から刺して固定する。クマのおにぎりにのせる。

卵の断面（黄身）が見えない角度に調整します。クマのおにぎりの頭にパスタを刺してから卵のパーツをつけてもOK。

【赤白の旗】

1 かにかまの赤い部分をはがす。白い部分が上になるよう広げ、中心に焼きパスタを置く。片方にマヨネーズをつけ、パスタを挟むように半分に折って重ねる。

半分に折るので、薄めにします。パスタの位置は調節できるので、中心は大体で構いません。

2 白い旗は、かにかまの白い部分をはがして焼きパスタを挟み、マヨネーズをつけて折る。

タコさん
チアリーダー

材料（2個分）
- ツヤツヤ薄焼き卵（P.43）…1枚
- ウインナソーセージ（赤いもの）
  …1本
- パスタ…少々
- 黒ごま…4粒
- かに風味かまぼこ…適量

作り方

1 ツヤツヤ薄焼き卵を作る。

2 ソーセージを斜めに半分に切り、足になる部分に5本切り込みを入れる。口になる部分は横に切り込みを入れ切り取る。ポンポンを刺せるように両端に斜めに切り込みを入れる（口の少し下あたりの位置に）。1分ゆで、冷めたら黒ごまを埋め込んで目にする。

3 1を横3.5cm×縦3cmに切る。半分に折って等間隔に切り込みを入れる。端から巻いて、2にパスタでとめる。

薄焼き卵の巻き終わりもまとめて、ソーセージにとめればOKです。ソーセージの両側につけることで、チアリーダーが使うポンポンらしくなります。

4 かにかまから、赤い部分と白い部分を細く裂き、3の頭の部分に、それぞれ巻きつける。

※乾燥パスタと焼きパスタは、問題なく食べられることを確認してから、おべんとうに入れるようにしてください。

[索引]

人気デコおかずの型紙

人気デコの型紙をピックアップして紹介しています。
クッキングシートなどに型紙をトレースし、
材料の上にのせて型紙ごとハサミなどで切りましょう。

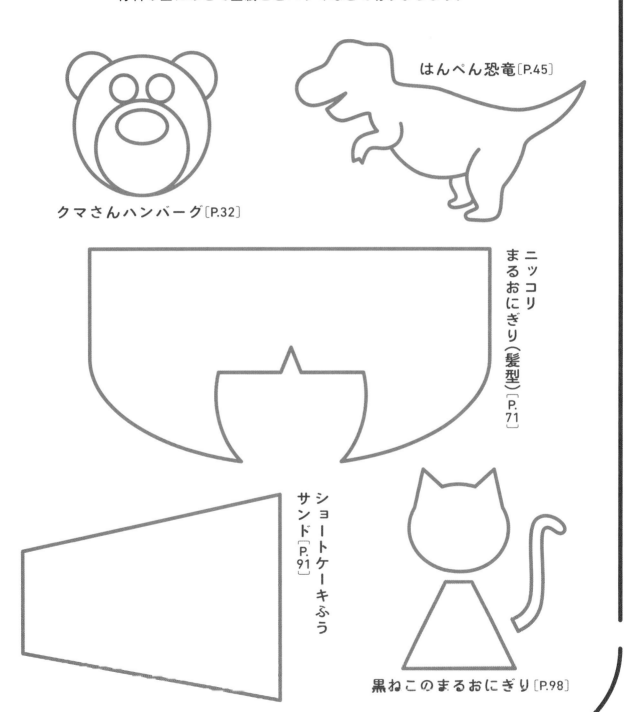

クマさんハンバーグ［P.32］

はんぺん恐竜［P.45］

ニッコリまるおにぎり（髪型）［P.71］

ショートケーキふうサンド［P.91］

黒ねこのまるおにぎり［P.98］

監修

yuka

元保育士。息子たちのデコべんとう作りやお菓子作りをはじめ、ハンドメイドやドライフラワーアレンジなど、手作りのものが大好き。作業を通じて新しいアイデアを見つけるのが得意。

Instagram：aohareru

・・・・・・・・・・・・・・・・・・・・・・・・・

sachiko.s

娘たちが笑顔で食べてくれる、おいしくてかわいいべんとうを作るのがモットー。会社員として働きながらも、毎日のおべんとう作りに精力的に取り組んでいる。べんとうの色合いや世界観を統一するのが得意。

Instagram：k_a_k_i__

【 STAFF 】

撮影	貝塚純一
スタイリング	梶本美代子
デザイン	細山田光宣、木寺梓（細山田デザイン事務所）
DTP	横村葵
執筆協力	圓岡志麻
編集	山角優子（有限会社ヴュー企画）
校正	関根志野
企画・編集	端 香里（朝日新聞出版 生活・文化編集部）

【 協力 】

Skater	0742-63-2001
カゴメ	0120-401-831
フォレスト	027-289-8828
種と苗の店グリーンサム	http://mizusawa-seed.co.jp/
	https://www.rakuten.co.jp/greenthumb/

＊本書で掲載している商品情報は、商品のリニューアル等により、店頭の商品と異なる場合がありますのでご了承ください。

子どものかわいいデコべんとう

監　修	yuka
	sachiko.s
発行者	片桐圭子
発行所	朝日新聞出版
	〒104-8011　東京都中央区築地 5 - 3 - 2
	（お問い合わせ）infojitsuyo@asahi.com
印刷所	図書印刷株式会社